지방자치와 지방분권의 대전환:

자치분권2.0 시대의 개막

지방자치와 지방분권의 대전환:
자치분권2.0 시대의 개막

초 판_ 2023년 4월 30일

지은이_ 김순은
발행인_ 이강준
펴낸곳_ 도서출판 조명문화사
서울특별시 마포구 독막로8길 조현빌딩 2F
전화 02-498-3017 팩스 02-498-3018
홈페이지 http://www.cmpress.co.kr
출판등록: 1989년 7월 13일 제2-846호

ISBN_ 978-89-7257-527-6 93350

값 22,000원

지방자치와 지방분권의 대전환:
자치분권2.0 시대의 개막

김순은 지음

도서출판 조명문화사

머리말

2023년이 되면서 우리나라의 지방자치와 지방분권(이하 자치분권)은 대전환을 맞았다. 자치분권 7법 중 고향사랑기부금제와 부처별 일괄이양법이 발효되어 문재인 정부가 추진한 대부분의 제도가 실행되면서 새로운 국정 거버넌스가 구축되었기 때문이다.

2017년 5월 출범한 문재인 정부가 2022년 5월 막을 내렸다. 코로나19로 인한 국가위기 속에서도 국정의 운영은 흔들림 없이 이루어졌다. 자치분권의 영역에 있어서도 예외는 아니었다. 문재인 정부는 출범한 이후 연방제 수준의 자치분권을 위하여 전력을 다해 달렸다.

필자는 문재인 정부 내에서 1년 2개월의 부위원장, 2개월의 위원장 대행, 3년 2개월의 위원장직을 수행하였다. 이 기간은 문재인 정부의 자치분권 추진주체인 자치분권위원회의 존속기간이었다. 윤석열 정부가 출범하면서 자치분권위원회와 국가균형발전위원회를 통합하기로 해 2022년 7월 6일부터는 자치분권위원회는 존재하였으나 활동은 중지된 상태였다.

총 4년 6개월을 자치분권위원회의 자치분권 추진 작업에 매우 가까이서 참여하였다. 이 과정에 역대 어느 정부와도 비교할 수 없는 성과를 창출하여 무한한 영광과 더불어 남다른 감회가 든다.

문재인 정부가 출범한 직후 필자는 다양한 논문과 글을 통하여 문재인 정부의 자치분권 정책방향을 제안한 바 있었다. 위원장, 부위원장으로서 정책과정의 핵심 정책 관계자가 되어 실제의 정책결정에 참여하면서 나름의 성과를 거두었기에 느끼는 소감은 남다를 수밖에 없다. 문재인 대통령의 선거캠프 등 개인적인 인연은 깊지 않았다. 그럼에도 필자의 자치분권 분야의 전문성이 높게 평가되어 임명된 점과 처음부터 끝까지 자치분권위원회의 자치분권을 담당하게 된 것은 이루 다 말로 표현할 수 없을 정도의 영광이었다.

지난 30여 년 동안 대학의 교수로서 자치분권에 관하여 남다른 관심을 가지고 연구 및 자문을 수행해 왔다. 물론 이때에는 행정의 밖에서 바라보는 연구자였기 때문에 행정과정의 블랙박스는 간접적으로밖에 느끼고 볼 수 없는 정도였음을 고백할 수밖에 없다. 그러나 실제로 정책과정에 당사자로서 참여하면서 외부에서는 알 수 없었던 많은 사항을 체험하고 인지할 수 있었다.

단적으로 표현하면 정책 및 행정과정이 그리 단순하지 않고 매우 복잡다단하여 개혁에 이르는 과정은 매우 까다롭고 험난하다는 것을 체득하게 되었다. 문재인 정부의 자치분권 개혁을 다룬 본 저서가 더욱 값진 것도 필자의 체험이 뒷받침하고 있기 때문이다. 이러한 체험의 일부를 본 저서를 통해 알리는 것도 필자가 해야 할 의무 중의 하나라 생각되었다.

본 저서는 2018년 3월 20일 자치분권위원회 설치 시점에서부터 2022년 5월 9일 정부 만료시점까지 문재인 정부의 자치분권 정책을 분석하고 논의하였다.

제1장에서는 우리나라 자치분권의 추진배경을 논의하였다. 1952년 이후의 지방자치 연혁과 1999년 이후의 자치분권 연혁을 분석하였다. 훗날 우리나라의 자치분권을 이해하는 데 매우 중요한 역사적 배경이다.

제2장에서는 문재인 정부의 자치분권 철학과 이론을 분석하였다. 문재인 정부가 추진하였던 철학적 · 이론적 토대를 밝히는 작업이다. 주민주권론과 국정 거버넌스론이 주축을 이룬다.

제3장에서는 문재인 정부가 수립한 자치분권 정책의 청사진을 서술하였다. "자치분권 종합계획"이라는 청사진의 내용을 상세히 논의하였다. 제6대 자치분권 전략과 33개 과제가 분석의 대상이었다.

제4장에서는 문재인 정부가 추진하였던 자치분권 개혁의 성과를 논의하였다. 자치분권 7법의 입법적 성과, 제2단계에 걸친 재정적 성과, 초광역협력, 자치분권 사전협의제, 주민자치회의 활성화 등 정책적 효과를 분석하였다. 모두 자치분권2.0의 토대가 된 것들이다.

제5장에서는 어려웠던 자치분권의 성공요인을 분석하였다. 대통령과 정부의 확고한 의지, 국회의 입법환경, 시민사회의 지속적 지지와 더불어 정책 당사자 간 견고한 정책연대 등을 논의하였다.

제6장은 문재인 정부가 마무리하지 못한 미완의 과제에 대하여 논의하였다. 자치분권형 헌법, 지방행정체제 개편, 지방선거제도 개선, 일반자치와 교육자치의 연계 · 통합 등이 여기에 해당한다.

제7장은 우리나라의 자치분권 향후과제에 대하여 논의하였다. 새로운 정부가 향후 추진하여야 할 과제의 의미도 담고 있다.

많은 분의 노고와 땀의 결과가 문재인 정부의 자치분권 성과물이었다. 자치분권 7법, 2단계에 걸친 재정분권, 초광역체제를 통한 지역균형발전의 추진체제 구축, 주민주권의 실현을 위한 주민자치회의 확대 실시, 자치분권 사전협의제 등은 자치분권위원회와 행정안전부 등의 정부 부처, 국회, 시민사회 등 모든 주체의 협력이 없이는 불가능하였다. 자치분권 개혁과정에 동참해 주신 모든 분의 노고에 이 자리를 빌려 감사드린다. 본 저서를 통해 자치분권2.0의 업그레이드가 다음 정부에서도 이어지길 기대하는 마음도 담았다.

본 저서는 필자가 그 동안 쌓아온 지식의 집적물이다. 많은 분들의 도움을 빼 놓을 수 없다. 지방에서 서울대학교 행정대학원으로 이직하는 데 큰 힘이 되어 주신 동지 겸 친우인 이승종 서울대 명예교수님, 자치분권위원회에서 일을 할 수 있는 기회를 열어주신 정순관 순천대 명예교수님에게 특별히 감사의 말씀을 드린다. 기회가 있을 때마다 연구를 후원해 주신 게이오대학 고바야시 명예교수님에게도 감사의 말씀을 드린다. 필자의 자치분권위원회 재직시절 묵묵히 자치분권의 성공을 위해 헌신해 주신 자치분권위원회 기획단장 이하 모든 직원들의 노고에 마음으로 감사의 말씀을 올린다.

끝으로, 여러모로 부족한 본 저서가 4년 6개월 동안 자치분권을 위해 봉사할 수 있는 기회를 주신 문재인 대통령의 깊은 배려와 성원에 다소나마 보답이 되길 기원한다. 이 도서를 정리할 수 있도록 배려해 준 서울대학교 행정대학원 전영한 원장과 관계자 제위께도 감사의 말씀을 드린다. 가족에 대한 감사함은 말로 표현하기 어렵다.

2023. 4. 1

서울대학교 행정대학원
글로벌행정발전연구소에서

김 순 은

목
차

제1장

문재인 정부의 지방자치와 지방분권(자치분권) 추진배경

1장

문재인 정부의 지방자치와 지방분권(자치분권) 추진배경[1]

국가의 운영체제는 역사와 전통에 따라 매우 다양하다. 대통령제와 의원내각제, 연방제와 단방제, 그리고 중앙집권체제와 지방분권체제 등의 분류를 통하여 국가체제의 특징을 일반화하여 논의하는 경향이 강하다. 영국은 오랜 분권적 전통 위에 의원내각제를 발전시켰으며 분권과 집권을 반복하였다. 보수당은 자유 민주주의의 이념을 토대로 비교적 분권을 선호하였으며 전국적 통일적 기준을 필요로 했던 노동당은 집권을 선호하였다. 그러나 이와 같은 전통과 관행은 1980년에 들어 변화하였다.

1980년대 IMF 구제금융의 약속을 이행하였던 대처의 보수당 정부는 정부개혁을 위한 강력한 중앙집권체제를 구축하였다. 정부개혁에 반대하였던 런던광역시를 해체한 사례가 대표적인 집권적인 조치였다. 반면 1997년 정권을 잡은 노동당 정부는 지방분권을 강화하여 해체되었던 런던광역시를 신설하고 스코틀랜드와 웨일스 지역에 획

1 필자(2018a)의 "문재인 정부 자치분권 종합계획의 철학적 기초와 의의"라는 논문을 수정·보완하였음.

기적인 분권적인 조치를 단행하였다.

미국은 1787년 대통령제를 채택하였다. 그럼에도 당시의 미국 헌법은 의회의 권한을 강하게 규정하는 의원내각제의 특징을 다수 포함하였다. 분권적인 특징이 강한 연방제하에서도 시대적 상황에 따라 집권적인 색채가 강하게 나타난 시기가 있다. 초기의 연방정부 강화형의 이론이 성립된 시점이나 1930년 대공황기가 여기에 속한다. 1960년대 "위대한 사회"의 건설을 제시하였던 시기가 연방정부의 시대적 목표가 강하게 지방에 전달되었던 시점이다. 1980년대 분권적 신연방제가 강력하게 요구된 배경이 되었다(김순은, 2003a).

연방제에 가깝던 에도시대의 일본은 메이지 유신을 거치면서 중앙집권국가로 전환되었다. 중앙집권체제하에서 산업화를 달성하였다. 전후에는 분권적인 민주체제를 구축하려던 미군정의 시도를 기관위임사무, 지방사무관제도 및 필치제도를 통하여 무산시키고 중앙집권체제를 유지하면서 근대화에 성공을 이루었다. 이러한 일본도 1980년도 이후 재정적자의 위기 속에서 행정개혁의 일환으로 지방분권개혁을 단행하고 있다. 2021년 12월 21일 기준으로 현재까지 총 12회의 일괄법을 제정하였다.

우리나라는 대통령제와 의원내각제를 모두 경험한 국가로서 중앙집권의 전통이 강하다. 우리나라는 민주주의의 발전이라는 관점에서 대통령제에서 의원내각제로 전환하였다. 4·19혁명의 결과로 탄생한 1960년 민주당 정부는 이승만 정부의 독재를 반면교사로 삼아 의원내각제의 정체를 수립하였다. 1980년대 이후 우리나라도 세계의 흐름에 따라 지방분권의 필요성을 인정하고 최소한 명분상으로나마 지방자치와 지방분권을 주장하였다. 노무현 정부와 문재인 정부는 지방분권의 필요성을 특히 강조한 정부였다.

문재인 정부는 2018년 3월 20일 자치분권위원회를 설치하고 9월 11일 자치분권 종합계획을 발표하였다. 이 계획에 따라 2022년 5월 9일까지 문재인 정부의 자치분권 개혁은 추진되었다. 문재인 정부의 자치분권이 강력하게 추진된 시대적 배경을 논의하면 아래와 같다.

I 우리나라 자치분권의 역사적 특징

1. 미 군정하의 지방자치

1945년 9월 9일부터 실시된 3년간의 미군정 하에서 우리나라에 근대적인 지방자치가 소개되었다. 서울시가 자유특별시로 승격되었으며 자유특별시 헌장이 제정되었다. 비록 후속조치의 미비로 실행되지는 못했지만 의미를 지닌 도입이었다. 자유특별시는 훗날 자유라는 명칭이 삭제되어 특별시가 되었다.

미국의 시 헌장(City charter) 제도를 모형으로 삼아 제정된 서울자유특별시 헌장은 미국 로스앤젤레스시의 헌장을 기초로 하였다. 로스앤젤레스시는 헌장도시로서 기관분리형의 구조하에서 집행부의 권한을 분산한 것이 주요한 특징이다. 시장과 시의원 외에 회계감사관과 재무관 및 법무관 등이 별도의 선출직 공무원이다. 선출직 공무원들의 재임회수는 연속 3연임의 시의원을 제외하곤 연속 2회 이상

재임이 제한된다.

1948년 제헌헌법이 제정되면서 지방자치가 헌법적 제도로서 도입되었다. 지방자치에 관련된 것은 비록 2개의 조항에 불과하며 지방자치보다는 지방자치단체에 관한 조항이지만 이 두 조항을 통하여 지방자치가 제도적으로 보장되는 계기가 되었다. 특히 제헌헌법은 지방의회를 헌법기관으로 인정하였다는 의의가 있었다.

2. 자유당 정부하의 지방자치

제헌헌법에 의거하여 자유당 정부가 출범하고 헌법에 근거하여 1949년 지방자치법이 제정됨으로써 민주주의의 제도적 기초를 마련하였다. 그러나 자유당 정부는 지방자치 실시에 대해 소극적이었다. 자유당 정부는 지방자치 선거를 바로 실시하지 않고 연기하다가 정치적인 이유로 1952년 수복지구를 중심으로 지방자치 선거를 실시하였다. 전격적으로 전쟁 중에 지방자치 선거를 실시한 배경은 정권연장을 도모하였던 자유당 정부가 정치적 우군을 얻기 위함이었다(임용주, 2002).

자유 민주주의의 원리를 구현하는 수단 중의 하나이며 민주주의의 학교로 평가되는 지방자치가 자유당의 반민주적 정치수단으로 이용되었다는 것은 우리나라 정치사의 아이러니였다. 1952년 지방선거에서 당선된 지방의원의 60%가 자유당 성향이었으며 이들이 여론을 조성하는 역할을 담당하였다.

1952년 시·읍·면 지방의회를 구성하는 선거가 실시되었고 단체장은 지방의회에서 선출하였다. 기관통합형의 형태를 채택한 것이다. 이후, 1956년 지방자치법 개정을 통하여 시·읍·면장 선거를 주민의 직접선거로 전환하였고, 1958년 개정에서는 단체장의 임명제가 도입되는 변화를 겪었다.

자유 민주주의 제도의 도입이라는 역사적 의의에도 불구하고 자유당 정부의 지방자치의 모습과 운영은 혼란과 갈등의 연속이었다. 기관통합형의 구조를 지녔던 제1기 지방의회에서는 지방정부의 단체장이 66회에 걸쳐 불신임되었고 이에 대하여 지방정부의 장이 지방의회를 해산한 사례는 18회였다. 이를 시정하고자 1956년에는 지방정부 장의 선출 방식을 직선제로 전환하였고 이후에는 임명제로 전환하는 지방자치법 개정이 뒤를 이었다(김순은, 1997).

3. 민주당 정부하의 지방자치

자유당 장기집권을 종식시킨 4·19 혁명은 우리나라의 민주주의를 한 단계 발전시키는 계기가 되었다. 제2공화국 헌법은 지방자치 제도를 유지하면서 제1공화국 헌법과는 상이한 조항을 추가하였다. 지방정부의 장인 시·읍·면장은 주민이 직접선거로 선출하도록 규정하였다. 지방자치는 광역지방정부에도 확대되었다. 광역지방정부의 장인 서울특별시장, 도지사도 선출직으로 전환되어 민주주의 구현을 위한 지방자치의 틀이 마련되었다.

지방자치의 실시와 더불어 지방정부 장의 위법행위와 일탈 등을 제어하기 위한 견제와 균형의 원리를 철저하게 구현하였다는 점도

의의가 크다. 내무부 장관은 서울특별시장과 도지사의 위법행위를 견제하고 도지사는 시·읍·면장의 일탈을 징계위원회에 회부할 수 있었다. 지방의회의 의장단도 불신임의 대상이었다.

제2공화국은 지방자치를 통해 민주주의를 한 단계 업그레이드시킨 시기이다. 지방자치의 대상을 광역지방정부로 확대하여 서울특별시장과 도지사가 선출직으로 전환되었고 이 외에 동·이장도 선거제로 전환되었다. 그럼에도 헌법에서는 시·읍·면장에 대해서만 주민의 직선을 규정하였다는 점도 특이하다. 선거연령이 21세에서 20세로 하향 조정된 점도 같은 맥락에서 이루어진 조치였다. 다만 이러한 조치들이 1961년 5·16 군사정변으로 1년도 지속되지 못하고 폐지되었다는 것이 아쉬움이었다.

4. 공화당 정부하의 지방자치

자유당 정부 시절에 경험하였던 지방자치의 모습과 현황은 주민들에게는 새로운 체제에 대한 희망보다는 혼란을 준 측면이 적지 않았다. 지방자치 관련 제도들, 특히 지방정부의 장의 선거제도가 수시로 개정된 것이 대표적인 사례이다. 민주당 정부는 지방자치의 의지를 제대로 실현해 보지도 못하고 중단되고 말았다.

공화당 정부는 정권이 지니는 정통성 문제로 경제발전과 산업화에 몰입하였다. 경제발전과 산업화의 성공적 수행을 위하여 민주성보다는 효율성이 더욱 중요시되었다. 자유당 정부와 민주당 정부하의 지방자치가 낭비와 비효율의 대명사로 낙인찍힘으로써 공화당 정부는 지방의회의 해산과 단체장의 임명직 전환을 통하여 지방행정의 효율을 높이는 중앙집권체제로 전환하였다.

공화당 정부는 지방행정의 효율을 제고하기 위하여 지방자치의 중단 이외에도 다양한 제도개혁을 실시하였다. 특별지방행정기관의 정리 차원에서 선거관리위원회를 지방자치단체와 통합하였고 기관위임사무를 강화하였다. 다양한 중앙부처의 사무를 기관위임사무의 형태로 지방으로 위임하였다. 초기에는 일반행정기관과 교육행정기관을 통합하였으나 1963년 교육법의 개정에 따라 지방행정과 교육행정을 분리하여 현재에 이르고 있다. 반공 및 국민의 의무 등 국가교육의 필요성에 따른 조치였다. 지방자치와 지방분권 즉 자치분권이 산업화와 효율성에 밀린 결과이다. 지방분권이 본격적으로 논의되었던 노무현 정부 이후 일반지방행정과 지방교육행정의 연계 협력 및 통합은 매우 중요한 이슈가 되었다.

1970년대 이후 민주화 운동이 거세지면서 지방자치를 재개하여야 한다는 주장이 제기되기 시작하였다. 지방자치가 한국의 민주화 운동에서 빼놓을 수 없는 수단적 성격을 띠게 되었다. 1980년에 들어 헌법에서도 지방자치의 재개를 통일과 연계시키지 않고 지방정부의 재정자립도에 따라 실시 시기를 조정하였다.

민주화 운동이 확대되면서 지방자치의 필요성이 더욱 부각되기 시작하였다. 여·야 간의 정권교체를 민주화 운동의 결실로 보는 야권을 중심으로 지방자치의 재개에 대한 중요성이 크게 부각되었다. 임명직 지방정부의 장의 체제하에서는 관권선거를 피할 수 없고 이는 야당의 선거 패배를 의미하는 것이었기 때문이다.

따라서 이 시기에 주목받았던 지방자치의 핵심은 단체장의 선출방식이었다. 지방자치는 곧 임명직의 단체장을 선출직으로 개정하는 것을 의미하였다. 1987년 6·10 항쟁의 결과 6·29 선언이 이어져 선출직 단체장의 실현이 가능해졌다. 1987년 10월 29일 대통령 직선제와 지방자치의 부활을 알리는 헌법 제9차 개정이 이루어지게 되었다. 현재 이날은 "지방자치의 날"로 지정하고 기념하고 있다.

대통령 직선제와 지방자치의 실시는 당시 민주화 운동의 최고 결실이었다. 지방자치의 실시를 서둘렀던 야권은 완전한 행태의 지방자치법보다는 조속한 실시에 초점을 맞추었다. 1988년 전부 개정된 지방자치법의 내용이 불완전한 성격을 띠게 된 것 역시 상기와 같은 정치적 상황에 기인하였다(김순은, 2020a). 1988년 지방자치법 전부 개정 이후에도 지방자치의 재개가 늦추어지자 1990년 10월 김대중 야당총재의 13일간의 단식이 이어졌다. 김대중 총재의 단식으로 1991년 지방자치의 재개를 약속받는다.

5. 1991년 이후의 지방자치

1) 지방자치의 정치적 배경과 의의: 정권교체를 위한 자치분권

1991년 3월 26일 기초의원선거, 6월 20일 광역의원선거에 의하여 지방의회가 구성됨으로써 역사적인 지방자치가 재개되었다. 1995년 지방정부의 장의 선거까지 실시되면서 적어도 외형상으론 정치적 분권이 구현되었다. 1991년 이후 실시된 대통령 선거에서 김대중, 노무현, 이명박, 박근혜, 문재인, 윤석열 대통령 등 여·야 간에 정권교체가 이루어져 선거에 의한 평화로운 정권교체가 가능하게 되었다.

그럼에도 불구하고 1988년의 정치적 상황은 지방자치의 실질화에는 적지 않은 장애물로 작용하였다. 1991년 실시 이후 지금까지 많은 연구는 우리나라의 지방자치 문제점을 지적하고 있다. 공통적으로 지적하는 지방자치의 문제점은 1988년 지방자치법 개정에 기초하고 있다(김순은, 2015a). 지방자치의 문제점은 무늬만 지방자치 또는 2할자치라는 표현으로 요약된다.

당시 지방자치의 재개에 소극적이었던 내무부의 의지대로 지방자치법이 개정된 것은 당시 지방자치의 재개를 서둘렀던 야당의 정치적 의도와 밀접하게 관련되어 있었다. 정권교체를 위해 선출직 단체장을 간절하게 바랬던 야당은 선출직 단체장을 강하게 원했던 반면 기타의 사항은 내무부의 뜻을 존중하는 선에서 협상이 이루어졌다. 내무부의 대안을 개정하는 협상을 행할 경우 장기간의 소요로 지방자치의 재개가 연기될 것을 경계하였다. 이것이 1991년 임명직 강시장 제도의 탄생 배경이 되었다. 1995년 단체장의 선출직화로 야당의 뜻이 관철되었다.

1991년 지방자치가 재개되어 여·야 간에 정권이 교체되는 민주주의 발전에 크게 기여하였음은 재론의 여지가 없다. 지방자치의 재개로 지방행정의 모습이 변화하고 지역에서의 변화가 가능하게 된 점 역시 의문의 여지가 없다(김순은, 2015b, 2016). 그럼에도 여전히 우리나라 지방자치는 단체자치의 특성을 강하게 유지하였고, 주민 중심의 자치가 이루어지는 데 많은 한계와 제약이 따랐다. 따라서 지방자치가 재개되었음에도 여전히 중앙집권체제를 바탕으로 하는 국가주의의 전통이 이어졌다. 김대중 정부 이후 이러한 문제를 해결하고자 지방분권 개혁이 추진되었다. 그러나 소기의 목적을 이루는 데에는 크게 미흡하였다(소순창, 2011; 김순은, 2016). 이때의 개혁은 실질적인 성과보다는 명분을 앞세운 경향이 매우 강했다.

2) 명분에 가린 자치분권

영국을 제외한 대부분의 선진국에서 1980년대는 지방분권의 시대였다.[2] 미국은 1960년대 민주당 정부가 "위대한 사회(Great Society)"를 건설한다는 기치 아래 창조적 연방제(creative federalism)를 추진하였다. 연방정부의 목표를 위한 창조적 연방제는 결국 중앙집권적인 행정 특성을 지니게 되었다. 정권을 이어받은 공화당은 중앙집권적인 창조적 연방제에서 1980년대 분권적인 신연방제(new federalism)로의 전환을 추진하였다.

십자군 전쟁 이후 도시국가의 발전이 늦었던 프랑스에서는 상대적으로 봉건영주의 권한과 압박이 강했다. 도시의 시민들은 주권이라는 개념을 통하여 왕권과 연합하여 봉건영주의 횡포를 피하고자 중앙집권 국가를 건설하였다. 중앙집권 국가가 봉건영주의 권력을 통제하고 상대적으로 도시의 시민들에게 재량권을 부여하는 협약에 따른 것이었다.

중앙집권의 전통이 강했던 프랑스도 1980년대 들어 유럽통합이라는 외생적 변수를 피할 수는 없었다. 이에 대한 대응이 지방분권 개

2 영국은 1997년 노동당 정부의 출범 이후 대대적인 지방분권 개혁이 이루어졌음.

혁을 추진하는 것이었다. 3단계에 걸쳐 프랑스의 지방분권 개혁이 이루어졌다. 제1단계는 1982년부터 1995년 사이의 미테랑 사회당 정부의 개혁으로 중앙행정권한의 지방이양과 중앙-지방의 권한 배분의 원칙을 정한 시기이다. 주요 성과로서 1982년 지방분권법과 1983년 권한이양과 배분법이 제정되었다.

프랑스의 제1단계 개혁은 우파 정권에서도 지속되었다. 제2단계는 1995년부터 2012년 사이의 시라크와 사르코지의 우파정권하에서 추진되었다. 주요 성과로는 2003년의 분권형 개헌과 2004년의 지방분권법이 있다. 헌법개정과 지방분권법에 의하여 지방분권의 정책적 비중이 강화되었고 재정분권을 위한 체제가 마련되었다. 제3단계는 2012년 당선된 올랑드 사회당 정부의 개혁을 의미하며 2010년 지방자치단체법에 의한 행정체제개편과 지방자치단체 간의 협력강화를 위한 시기라고 할 수 있다(전훈, 2016).

일본은 전후 기관위임사무, 지방사무관, 필치규제 등을 통하여 중앙집권체제를 유지하였고 이를 토대로 산업화와 현대화에 커다란 성공을 거두었다. 그럼에도 불구하고 1980년대 이후 중앙집권체제의 부작용이 크게 나타났다. 동경 1극 집중의 문제점은 물론이고 재정적자로 인한 국가운영의 위기는 행정개혁의 고삐를 강화하게 되었다.

일본의 지방분권은 행정개혁의 차원에서 추진되었다는 특징을 지니며, 프랑스와 유사하게 시대별로 뚜렷한 특징을 보였다(김순은, 2016). 제1기는 1995년 지방분권추진법의 제정 이후부터 2005년까지의 개혁이다. 주로 중앙정부의 재정적자를 해소하고자 하는 중앙정부의 목표와 지방분권이 연계되어 추진되었다. 1999년 지방분권

일괄법의 제정과 국고보조금 정리, 지방으로의 재원이전, 지방교부세 개혁을 통합하는 3위 1체 개혁이 이루어졌다.

제2기 지방분권은 지방분권추진법이 2006년 지방분권개혁추진법으로 대체되면서 지방분권개혁추진위원회가 담당하였다. 2010년 3월 해체될 때까지 4차례에 걸친 지방분권 권고안을 제출하였다. 2009년 이후의 지방분권 개혁을 제3기로 칭하며 현재까지 이루어지고 있다. 2021년 12월 21일까지 제12차에 걸친 지방분권일괄법이 제정되어 지방분권을 이어가고 있다.

우리나라도 1999년 이후 "중앙행정권한 지방이양 촉진 등에 관한 특별법"을 제정하면서 지방이양 및 지방분권을 추진하여 왔다. 이를 정부별로 분석하면 아래와 같다. 시기별로 군사정부의 수동적 지방분권, 문민정부의 소극적 지방분권, 국민의 정부의 디딤돌 지방분권, 참여정부의 미완의 지방분권, 이명박 정부의 미온적 지방분권(소순창, 2011)으로 대분하기도 하며 대통령별로 분리하여 평가하고 있다(김홍환·정순관, 2018).

(1) 김대중 정부의 지방분권: 지방분권의 제도적 도입기

김대중 대통령의 지방자치에 대한 의지와 관심은 이미 앞에서 논의한 바와 같이 독재를 타도하고 민주주의를 발전시킨다는 목표에 기초하였다. 지방자치의 재개를 꾸준히 요구하였던 김대중 대통령의 1990년 10월 13일간의 단식은 1991년 지방의회의 출범을 낳았다. 김대중 대통령에게 정권교체를 위한 수단으로써 초기 지방자치에 대한 관심은 지방으로 권한을 이양하여야 하는 지방분권과는 다소 차이가 있었다. 오히려 호남출신의 대통령으로서 영·호남 간 경제발전의 균형에 보다 정책적 비중을 두었다(소순창, 2011).

비록 지방자치분권이 국정과제로는 채택되지 못했지만 자치분권과제가 제도적으로 논의될 틀을 마련하였다는 데에 커다란 의의가 있었다. 첫째, 광역단위의 자치경찰제가 논의되어 시안을 마련하였다. 일본형 광역자치경찰을 참고하여 작성한 1999년 모형은 훗날 자치경찰을 논의하는 데 중요한 참고자료로 활용되었다.

둘째의 성과는 1999년 "중앙행정권한 지방이양 촉진 등에 관한 법률"의 제정이다. 이 법에 따라 설치된 지방이양추진위원회는 이명박 정부가 지방분권촉진위원회를 구성할 때까지 중앙행정권한의 지방이양을 단위사무별 심사에 의하여 이양하는 역할을 담당하였다. 비록 단위사무이지만 중앙행정권한의 지방이양으로 지방분권을 제도적으로 실시하였다는 의의를 지닌다(소순창, 2011; 김순은, 2016; 김홍환·정순관, 2018). 이후에도 중앙행정권한의 단위사무별 지방이양은 자치분권의 기본적 정형이 되었다. 따라서 이 시기를 지방분권의 제도적 도입기라고 명명해도 무방할 것이다.

(2) 노무현 정부의 지방분권: 지방분권의 혁신적 실행기

미국 민주주의의 발전에 앤드류 잭슨 대통령이 있었다면 우리나라의 지방분권과 지역균형발전에는 노무현 대통령이 있었다는 표현이 적절하다. 엽관제라는 제도를 통하여 미국의 부패를 척결하였던 잭슨 대통령과 같이 노무현 대통령은 자치분권을 통하여 사회의 양극화를 해결하고 지역균형발전을 추진하였다.

2002년 대통령 선거공약에서 출발한 지방분권과 지역균형발전은 당선 이후 국정과제로 발전하였다. 2003년 지방분권특별법을 제정하였고 정부혁신지방분권위원회는 '참여정부의 지방분권 비전과 추진방향'이라는 지방분권 계획서, 지방분권특별법, 지방분권 촉진 로드맵, 지방분권 5개년 종합실행계획의 수립 등을 통하여 지방분권을 추진하였다. 지방분권에 관한 종합계획을 처음으로 수립하였던 것이다. 더불어 지방분권의 시금석(test-bed)으로서 제주특별자치도가 설치되는 등의 가시적인 성과가 있었다. 2020년 12월 32년 만에 지방자치법이 전면 개정될 때와 2022년 6월 강원특별자치도 설치 등에 관한 특별법, 2022년 12월 전북특별자치도 특별법이 이루어질 때 제주특별자치도의 선행경험이 커다란 도움이 되었다.

그러나 대통령의 탄핵사건 등으로 추진동력이 약화되면서 지방분권 로드맵의 계획에는 크게 미치지 못했다(김순은, 2016; 김홍환·정순관, 2018). 또한, 정권 말기에 오면서 지역균형발전이 지방분권보다 더욱 주목을 끌었다(소순창, 2011; 김순은, 2020a, 2021b).

(3) 이명박 정부의 지방분권: 지방분권의 미온적 조정기

이명박 정부의 지방분권은 노무현 정부 시기보다는 정책적 비중이 작았으나 나름의 성과를 보였다. 선거과정에서도 주목을 받지 못했으나 국정과제에는 포함되었다. 지방분권의 추진기구로서 기존의 정부혁신지방분권위원회와 지방이양추진위원회를 통합하여 2008년 12월 지방분권촉진위원회로 재편하였다. 지방분권촉진위원회는 '지방분권 비전 및 과제별 (4개 분야 20개 과제) 추진계획'과 2009년 2

월 지방분권종합실행계획을 심의·의결하였다.

이와 더불어 지방행정체제 개편과 지방분권을 추진하기 위하여 2010년 "지방행정체제 개편에 관한 특별법"에 따라 2011년 2월 지방행정체제 개편추진위원회가 설치되어 마산·창원·진해를 통합하여 통합 창원시를 탄생시켰다. 부가가치세의 5%를 지방소비세로 전환하는 성과도 거두었다. 국세의 축소에 따른 지방교부세 축소에 대한 보상이었다. 정책적 비중에 작았던 데 비하여 나름의 성과가 있었던 것은 정책의 경로의존성과 시민단체의 역량이 지속적으로 강화되어 온 것에 따른 결과이다(김홍환·정순관, 2018).

정부혁신지방분권위원회와 지방이양추진위원회를 통합하여 지방분권촉진위원회를 설립함으로써 기구의 종합을 통한 시너지 효과를 거둘 것으로 예상되었다. 그러나 지방행정체제 개편추진위원회를 새롭게 설치함으로써 지방분권을 추진하는 기구가 이원화되어 지방분권 정책을 조정하는 시기가 되었다(김순은, 2020a).

(4) 박근혜 정부의 지방분권: 지방분권의 정책적 시련기

지방분권은 제18대 대통령 선거에서 선거의 쟁점이 되지 못했다. 유권자의 관심도 낮았다. 지방분권에 대한 박근혜 대통령의 개인적 관심은 더욱 낮았다. 그럼에도 외형적인 조치는 통합적으로 이루어졌다.

이명박 정부 때 설치된 지방분권촉진위원회와 지방행정체제 개편위원회 등 이원화되었던 추진체제를 단일화하였다. '지방분권 및 지방행정체제 개편에 관한 특별법'의 제정에 따라 2013년 9월 지방자치발전위원회가 설치되었다. 지방자치발전위원회도 기존의 추진체제와 같이 2014년 12월 지방자치발전 종합계획을 심의·의결하고 국무회의를 통해 발표하였다. 박근혜 정부 지방분권의 목표와 체제 및 계획은 외형적으로 양호하였으나 이를 실행하려는 의지와 성과는 매우 낮았다(김순은, 2016; 정정화, 2017). 박근혜 정부의 지방분권 실행력은 이명박 정부보다 후퇴되는 등 지방분권의 정책적인 시련기였다(김순은, 2022).

Ⅱ 정당의 이념과 자치분권

1. 외국의 정당이념과 자치분권

자치분권은 자유 민주주의의 전통이 있는 국가에서는 보수정당의 이념이다. 자유 민주주의는 통상 작은 정부, 견제와 균형, 권력분립 등을 기초 원리로 한다. 이러한 고전적 이념을 지지한다는 차원에서 보수정당이라고 명명한다. 권력분립과 작은 정부의 이념을 위한 정치적 도구가 자치분권이다. 풀뿌리 민주주의에 기초한 참여적 지방자치가 대의 민주주의보다 존중된다. 주민자치의 전통이 강한 국가들의 보수정당이 여기에 속한다. 미국의 공화당, 영국의 보수당 등이 대표적인 예이다. 미국의 공화당이 집권하면 연방정부의 권한이 주정부나 지방정부로 이전된다. 1980년 미국의 신연방제가 대표적이다. 영국에 있어서는 노동당이 집권하면 기간산업의 국유화 및 노동조건의 강화 등 집권체제가 강해지며 보수당이 집권하면 분권적인 정책들이 추진되었다.

반면 진보적인 정당은 자치분권에 반하는 집권적 이념을 추구한다. 왜냐하면 인권, 노동조건, 성평등, 환경보호 등 전국적으로 통일적인 이념과 가치를 추구하기 때문에 전국적으로 통용되는 기준을 요구한다. 이를 위하여 분권보다는 집권적인 성향을 띤다. 미국의 민주당, 영국의 노동당 등이 여기에 속하는 대표적인 예이다.

영국의 경우 1980년대 보수당은 집권적, 노동당은 분권적이었던 시대도 존재함은 물론이다. 1980년 대처 수상의 보수당은 정부혁신을 위하여 집권적으로 회귀하였으며 노동당은 1997년 선거 이후 분권적으로 전환하였다. 노동당에 의하여 지역분권이 대대적으로 추진되었다. 보수당의 캐머런 연합정부가 탄생된 이후에는 영국의 보수당도 지방주의를 앞세워 분권으로 회귀하였다.

일본은 이와는 대조적이다. 산업화를 이룬 보수당은 집권적이었으며 진보적인 정당들이 분권적이었다. 1993년 자민당 이외의 정당들이 연합하여 정권을 획득한 이후 분권적인 경향이 강해졌다 일본은 전후 처음으로 자민당이 총선에서 패배하고 호소카와 연립내각이 출범하면서 자치분권이 가시적인 성과를 거두었다. 1994년 무라야마 연립내각도 같은 맥락이었다. 무라야마 수상이 발표한 지방분권 추진대강이 일본 지방분권의 제도였던 지방분권추진법의 기초가 되었다. 2009년 민주당의 집권 이후 지역주권을 앞세워 지방분권이 더욱 강화되었다(김순은, 2001, 2013a).

2. 우리나라의 정당이념과 자치분권

우리나라의 자치분권은 진보적인 민주당이 역점을 두는 정책으로 자리매김했다. 이승만 정부하에서 지방자치가 개시되었지만 지방자치의 확대는 제2공화국 민주당 정부에 의하여 이루어졌다.

1961년 이후 공화당 집권 이후에는 산업화의 명분하에 자치분권은 국정 의제가 되지 못했다. 견고한 중앙집권체제가 지속되면서 우리나라 국민에게는 의식에서조차 집권적으로 자리매김했다. 1961년 이후 보수정당들의 정치엘리트 충원이 지역에서 양성된 인재에 기반을 두기보다는 고위 관료, 교수, 판·검사, 고위급 장성, 변호사, 대기업 대표 및 임원 등 중앙 제도권에서 성공한 인재로 충원되다보니 자치분권의 필요성을 인지하지 못하였다. 그들의 지역에 대한 배려는 중앙인재의 지역연고지를 감안하는 수준에 머물렀다. 지금까지 보수의 이념을 가진 정당들은 이러한 집권적인 틀하에서 운영되었다.

2022년 대통령 선거에서 승리한 보수이념의 국민의힘도 선거과정에서는 자치분권과 균형발전에 커다란 관심을 두지 않았다. 때문에 대통령 선거 이후 대통령 인수위원회 활동 중 지역균형발전특별위원회를 신설하는 등의 조치는 매우 의외의 대응이라고 평가할 수 있다. 2022년 6월 1일에 실시 된 지방선거를 염두에 둔 조치라는 분석도 제시되었다.

우리나라에서는 진보적인 민주당이 자치분권에 우호적·적극적이었다. 두 가지 이유에 근거하고 있다. 첫 번째의 이유는 자치분권을 정권교체의 수단으로 삼은 점이다. 공정선거를 위해서는 자치분권이 필요조건이라는 고 김대중 대통령의 생각은 혜안이었다. 주민들의 공정한 직접선거가 4차례 여·야 간의 정권교체를 가능하게 하였다.

두 번째의 이유는 2010년 지방선거에서 찾을 수 있다. 정치 및 정부개혁을 하향식보다는 상향식으로 접근하는 민주당의 이념과 방식에 기인한다. 보수당은 중앙 엘리트 중심의 정당인 반면 민주당은 지역에 뿌리를 둔 지역인재의 비율이 점차 증대되었다. 2010년 지방선거를 계기로 지역엘리트의 성장이 두드러지게 나타났다. 이들이 발전하여 국회에 진출하는 비율도 확대되었다.

III 자치분권의 당위성[3]

1. 자치분권의 정치이론적 당위성

1) 정치적 이론

(1) 귀납적 관점

자치분권의 역사적 유래는 국가마다 상이하다. 영국과 같은 지방귀족의 권한이 상대적으로 강했던 국가는 왕과 귀족 간의 권력을 배분하는 차원에 정치적 분권의 뿌리를 두고 있다. 지방의 귀족에게 일정한 범위 내의 권한을 인정하였던 전통을 바탕으로 지방분권에 관한 논의가 이어졌다. 현재에도 웨일스, 스코틀랜드, 북아일랜드에 독

3 김순은(2017a), "문재인 정부의 자치분권 정책방향"을 수정·보완하였음.

자적인 지역정부를 설치하는 등의 지방분권도 상기의 역사적 맥락과 일치한다(김순은, 2016).

지방정부, 주정부, 그리고 연방정부를 수립하였던 미국은 헌법의 제정과정에서 주(州)의 주권을 철저히 보장하였다. 주주권에 기초하여 모든 주에서 동일한 2명의 연방 상원의원을 선출하고 있다. 주정부와 지방정부의 사이에는 딜런의 법칙과 쿨리의 법칙이 혼용되고 있지만 지방정부의 권한은 홈룰 등을 통하여 확대되고 있다.

지방분권적 전통을 가졌던 일본과 독일도 근대적 통일국가의 형성과정을 거치면서 지방정부의 정체성은 최소한으로 인정되었다. 지방정부라는 용어보다 지방공공단체라는 용어가 그러한 상황을 대변하고 있다. 독일은 그 이후 전통적인 분권국가로 전환된 반면 일본은 1995년 이후 현재까지 지방분권개혁을 추진하고 있다(김순은, 2016). 독일과 일본은 통일국가를 이룩하기 이전에는 강력한 분권적 전통을 지니고 있었다. 독일은 한자동맹 이후 7명의 제후들이 통일 황제를 선출하는 등의 전통이 있었다. 17세기에 출범한 일본의 에도막부는 연방제에 가까운 분권체제였다.

미국, 영국, 일본, 독일 외에도 프랑스 및 이탈리아 3050 클럽의 회원들은 자치분권의 선진국에 속한다. 부연하면 선진국의 정치와 행정체제는 분권적이며 실질화된 지방자치에 의존하고 있다.

(2) 연역적 관점

18세기 이후 자유주의와 민주주의가 논의된 이후 자유 민주주의 국가를 형성하는 기본적 원리로서 권력분립이 제시되었다. 수평적 권력분립, 수직적 권력분립, 시간적 권력분립, 사회적 권력분립 등 다양한 형태의 권력분립이 논의되고 있다(이기우, 2014). 그중에서도 수직적 권력분립은 정치와 행정권력을 중앙정부와 지방정부가 분점하는 것을 의미한다. 자유 민주주의를 채택하는 대부분의 국가는 연방제, 지방자치 등의 용어로 수직적 권력분립을 채택하고 있다(안성호, 2016). 미국의 헌법은 수정조항 10조(유보된 권한)에서 헌법에서 연방정부의 권한으로 명시한 내용을 제외하곤 주정부의 권한에 속한다는 규정을 두고 있다. 우리나라는 1948년 제헌헌법 이후 지방자치에 관한 장을 규정하고 있다.

비록 지방자치의 발전에 관한 우여곡절은 겪었으나 우리나라도 1988년 지방자치법 전부개정으로 지방자치를 부활하였고 그 이후 32년의 경험을 바탕으로 2020년 12월 만 32년 만에 지방자치법을 전부·개정하였다. 2020년 12월 전부 개정된 지방자치법의 전부개정으로 주민 주권에 기초한 주민 중심의 지방자치가 가능하게 되었다(김순은, 2021a; 2021b; 곽현근, 2021).

경제적 관점의 논의도 여기에 속한다. 중앙집권체제보다 지방분권체제가 보다 효율적이다. 공공선택론에 따르면 다수의 지방정부 간 경쟁이 양질의 서비스를 효율적으로 전달할 수 있다. 서로 상이한 계층을 둔 다층제의 행정체제는 행정 서비스의 규모경제를 적절히 수행할 수 있다. 보충성의 원리에 따라 아래에서부터 위로 올라갈수록 광역의 서비스를 제공하는 데 효율적이다. 지방정부가 할 수 있는 기능을 중앙정부가 수행한다는 것은 호미로 할 수 있는 일에 트랙터를 동원하는 것과 유사하다.

2) 자치분권의 상대성

통상 국가의 분권체제라고 하지만 분권의 수준과 규모에 대해서는 국가 간의 차이가 매우 크다. 연구에 사용되는 지수에 따라 국가 간의 분권수준이 상이하기도 하다(최영출, 2013). 동일 국가 내에서도 분권의 정도는 상이하다. 영국은 1979년 대처 수상이 집권하면서 집권화 경향을 보였으며 1997년 노동당이 집권하면서 분권화를 재시도하였다. 미국은 1960년대 위대한 사회(Great society) 프로그램을 통하여 집권화 경향을 보였고 1980년 레이건 행정부가 들어서면서 신연방제하에서 분권화가 시도되었다.

일본은 연방제에 가까운 막부시대를 끝으로 중앙집권적 근대국가를 형성하였다. 세습제의 번체제를 개혁하고 임명제의 부현제와 징병제를 도입하면서 강력한 중앙집권국가로 전환되었다. 1980년대 들어 재정적자가 악화되면서 정부혁신의 차원에서 지방분권이 논의되기 시작하여 1995년 이후 지방분권추진법의 제정을 통해 가시적인 지방분권을 단행하였다(김순은, 2001).

정책분야에 따라 같은 시기에도 집권화와 분권화가 동시에 진행되기도 한다. 참여정부의 사례가 대표적이다. 참여정부는 지방분권과 국가균형발전을 최우선의 정책으로 추진하였다. 주지하다시피 전자는 분권적, 후자는 집권적 성격을 띠고 있다. 결과적으로 참여정부는 지방분권정책은 분권적 논리에 기초하여 강력하게 추진하였다. 한편 국가균형발전은 정책의 특성상 집권적인 결과로 이어졌다. 역설적으로 지방분권을 강력하게 희망하였던 지방정부들은 재정적 지원을 앞세운 국가균형발전에 높은 관심을 갖는 결과로 이어졌다(김순은, 2005a).

상기에서 논의한 역사적 사례들은 시대적 상황에 따라 분권수준은 가변적이라는 것을 보여준다. 우리나라도 미미하지만 분권과 집권 사이에서 정책변화가 반복되었다. 1948년 제헌헌법과 1960년 제2공화국 헌법은 이제까지의 체제 가운데 상대적인 분권체제로 평가할 수 있으며 1961년부터 1991년 지방의회 출범 이전까지의 체제는 가장 집권적이었다(김순은, 2014, 2020b). 지방분권개혁이라는 측면에서는 정부마다 상이한 비중과 수준으로 추진되어 왔다(소순창, 2016; 김순은, 2016, 2020b). 정부의 이념과 시대적 상황에 따라 분권과 집권은 상호보완적으로 반복된다는 것이 논리적 귀결이다. 그렇다면 현재의 상황을 고려할 때 우리나라의 체제는 집권과 분권 중 어느 방향이 적절한 것인가에 대한 질문으로 이어진다. 이에 대한 해답은 우리나라의 시대적·환경적 상황에 대한 분석을 토대로 도출하여야 한다. 다음 절에서 상세하게 논의하였다.

2. 자치분권의 환경적 당위성

1) 인구의 지리적 분산도: 수도권 집중

실질적인 정책의 비중과 우선순위에는 차이가 있지만 모든 국가는 물론 지방정부 내에서도 지역균형발전은 시대와 상황을 초월하는 규범적 과제이다. 우리나라 역대 정부들은 공통적으로 지역균형발전을 대통령 공약은 물론 실제의 정책에서도 높은 비중을 두고 추진하였다. 적어도 지역균형발전에 대해 소극적인 태도를 취할 수는 있지만 부정할 수 없는 규범적 정책이다(김순은, 2005a, 2017b). 지역균형발전의 목표는 국토의 균형적인 발전을 통하여 국민들이 어디에 거주하든 최소한의 삶의 질을 토대로 인간다운 삶을 유지하는 것이다. 그 결과 인구분산의 효과를 낳는다.

그런데 우리나라의 인구분산 경향은 오히려 지역균형발전을 무색하게 하고 있다. 인구의 분산을 파악할 수 있는 지표로 도시화율과 수도권 집중도를 활용할 수 있다. 우리나라의 도시화율은 92%로 선진국 중에서 가장 높은 도시화를 기록하고 있다. 이와 더불어 농촌 특히 군지역의 인구감소가 심각하게 진행되고 있다.

인구의 수도권 집중은 어느 곳에서도 발견할 수 없는 전대미문의 경우이다. 전체 인구 대비 수도지역 및 통근 거리 내 인근지역의 인구 비율을 나타내는 수도권 집중도를 이용하여 인구분산의 정도를 보면 우리나라가 여타의 국가에 비하여 집중도의 변화와 폭이 매우 큼을 알 수 있다.

2014년 기준으로 우리나라의 수도권 집중도는 49.98%로 일본의 26.62%, 영국의 18.54%, 프랑스의 18.52%와 비교할 때 2배 이상의 차이를 보이고 있다. 수도권 집중 변화율의 측면에서 볼 때, 한국의 수도권 집중도는 2009년 이후 빠르게 상승하고 있으며, 2014년 수도권 집중도는 2000년 대비 15.2% 증가한 49.48%를 기록하였다. 이것은 같은 기간 일본의 수도권 집중도 증가율이 9.4%인 것을 고려할 때 상당히 빠른 변화로 볼 수 있다. 반면, 영국의 경우 8.0%, 프랑스의 경우 1.5%의 증가율을 보이고 있어 상대적으로 한국의 수도권 인구 과밀화 현상이 심각하다는 것을 알 수 있다. 우리나라의 경우 2020년 기준으로 총인구의 50.24%가 수도권에 거주하여 수도권 집중도가 50%를 상회하였다.

2) 저출산·고령화

우리나라가 고려하여야 할 중요한 환경적 변수 중의 하나는 저출산·고령화이다. 외형적으로는 저출산과 고령화는 별개의 이슈로 보이지만 저출산의 가속화는 인구구조의 변화로 고령화의 속도와 폭에 영향을 미친다. 우리나라 인구의 평균수명이 늘어남과 동시에 출산율이 매우 낮아 고령화가 가파르게 높아지고 있다. 뿐만 아니라 저출산·고령화는 상호 모순 또는 이율배반의 문제점을 내포하고 있다. 고령화가 높아지면 의료, 보건, 장기요양, 연금 등의 사회보장비용이 증가하고 이에 대한 부담이 결혼, 출산 등에 악영향을 미쳐 저출산으로 이어지는 악순환 고리로 연결될 가능성이 크다.

우리나라는 2016년 기준으로 중국과 일본은 물론 OECD 평균에도 크게 미치지 못한다. 우리나라의 합계출산율은 2가지 특성을 지니고 있다. 첫째, 1960년대 6.0의 높은 수준을 유지하였으나 반세기만에 최저 수준으로 저하되었다. 둘째, 1995년 이후 최저 수준을 유지하고 있다. 2005년에는 1.08명으로 최하 수준이었다. 2005년 이후 저출산·고령사회 기본계획을 주축으로 저출산 대책이 강화됨에 따라 출산율이 다소 상승하였다. 2014년 1.21명, 2015년 1.24명으로 다소 상승하였으나 2016년 1.17명으로 다시 하향되었다(통계청, 2016; 이삼식, 2017). 이와 같은 출산율은 OECD 회원국 중에서는 물론 출산율이 1.0이 안되는 홍콩과 타이페이를 제외하곤 세계에서 최하위 수준에 속한다. 우리나라는 2017년 1.26명이 되었고 그 이후에도 지속적으로 감소되어 2018년 0.98명, 2019년 0.92명, 2020년 0.84명, 2021년 0.81명이 되었으며, 2022년에는 0.76명이 되었다. 2023년에는 0.74명이 될 전망이다. 출생아 수는 2017년에 30만 명대로 감소하여 2021년도에는 26만 명대가 되었다.

저출산과 더불어 반드시 논의되어야 할 과제가 고령화이다. 장수와 저출산의 영향으로 우리나라의 고령화는 전대미문의 수준과 속도로 진행되고 있다. 5.1%였던 1990년 고령화율은 1999년 7%로 상승하였고 2015년 13.15%, 2016년 13.53%로 2017년도에는 14%로 통계청이 예상한 2018년보다 1년 먼저 고령사회로 진입하였다. 2019년도에는 고령화율이 15%에 도달하였다. 2026년이 되면 고령화율이 20%에 진입하여 초고령사회가 될 것으로 전망되고 있다.

일본이 24년 소요된 것과 비교할 때 4년 빠르게 고령사회로 진입하였다. 일본은 2006년 고령화율이 20%에 달했으며 우리나라는 2026년경에 20%에 진입할 것으로 보여 초고령사회의 진입도 일본보다 빠를 것으로 예상되고 있다. 고령사회에서 초고령사회로 진입하는 데 프랑스 40년(2019년), 독일이 38년(2010년), 미국이 16년(2030년), 일본이 12년(2006년)이 소요되었다. 그런데 우리나라는 8~9년 만에 초고령사회로 진입할 전망이다(김순은, 2017b; 이삼식, 2017). 현재 고령인구의 비율은 서구 유럽국가나 초고령사회인 일본보다는 낮은 수준이다. 그러나 2050년경에는 세계 최고령 국가가 될 것으로 예상된다.

저출산·고령화 등 인구변동은 국가 차원에서 예측하고 대응책을 마련하여야 한다는 것은 재론의 여지가 없다. 아울러 인구변동에 따른 구체적인 삶의 변화는 지역적 특성이 매우 강하게 나타난다는 점도 유의하여야 한다. 인구구조의 변동에 따른 지방의 소멸 가능성이 커지고 있다.

인구구조 변동에 따른 국가의 변화는 지역의 특성과 변화를 종합한 것이다. 국가는 지역을 초월하는 보편적 대응을 추진하여야 하며 특정지역에 나타나는 특징과 상황에 대해서는 지역이 대응책을 마련하여야 한다. 여기에 지방정부의 역할이 기대된다. 저출산·고령화의 지역적 특성과 자료를 바탕으로 실시된 분석이 지방정부가 실시하는 정책의 실증적 토대가 된다. 지방정부가 다가오는 새로운 변화에 적극적으로 대응하기 위한 체제를 구축하는 것이 필요한데 자치분권도 그러한 체제를 구축하는 데 필요조건이 된다.

3) 인구감소와 초고령화로 지방소멸의 가능성

저출산·고령화와 더불어 향후 우리나라의 지방자치에 영향을 미칠 또 하나의 인구변동은 지역의 초고령화이다. 2015년 기준으로 전국 22%에 해당하는 50개 지방정부의 인구 규모가 5만 미만이었으며 이 지역 중 인구 2만 미만의 지방정부의 고령화율은 28.3%이며 인구 5만 미만의 지역은 27%로 공히 초고령 사회에 이미 진입하였다. 2030년까지의 상황을 추계하면 상황은 더욱 나빠진다.

2만 미만의 인구를 갖는 지방정부의 수가 27개로 증가하며 32.7%에 해당하는 74개의 지방정부가 인구 5만 미만이 될 것이다. 인구 2만 미만의 지역은 물론 인구 5만의 지역의 고령자가 급격히 증가하여 고령화율은 전자가 47.3%, 후자가 41.4%가 될 것으로 추계되고 있다(김순은, 2017b).

4) 과다한 법령유보

우리나라 헌법은 1948년 이후 지방자치의 제도적 보장은 이루어졌으나 보장된 내용이 너무 미미하여 보다 철저한 지방자치의 보장과 활성화에 미흡하다는 주장이 지속적으로 제기되어 왔다.

헌법에서는 지방자치의 기본적인 사항만을 2개의 조항으로 규정하고 실질적인 내용은 대부분 법률에 유보하고 있다. 한편 법률은 중요한 사항임에도 또다시 명령에 위임하고 있다. 지방자치법의 분량이 이를 입증하고 있다. 우리나라의 1988년 지방자치법은 175개의 조항으로 구성되어 있었고, 2020년 12월 개정으로 211개 조항으로 증가하였다. 분량도 25페이지 33페이지로 증가하였다.

그럼에도 외국의 예와 비교하면 지방자치법의 분량이 적은 편이다. 반면 일본의 지방자치법은 지방자치법의 부칙초록을 제외한 본문만을 볼 때 321개의 조항으로 127페이지에 이르는 분량이다. 우리나라의 지방자치법은 중요한 사항을 대통령령이나 부령에 재차 위임하고 있기 때문이다. 입법사항임에도 불구하고 대통령령이나 부령에 따라 개정할 수 있기 때문에 집권당에 따라 지방자치의 본질이 훼손되는 현상도 발생하고 있다. 문재인 정부가 도입한 자치분권사전협의제[4]는 이러한 현상을 예방하자는 의도를 갖고 있다.

4 행정부처가 발의하는 법률안이나 명령안은 반드시 사전에 행정안전부와 자치분권위원회와 자치분권 침해 여부를 협의하여야 하는 제도이다. 뒷장에서 상세히 논의하였다.

5) 기존 지방분권의 성과

국민의 정부 이후 우리나라에서도 지방분권에 관한 보다 실체적인 논의들이 이어져 왔다. 1999년 국민의 정부의 "중앙행정권한 지방이양 촉진 등에 관한 법률"을 시작으로 참여정부 들어서는 대통령의 선거공약, 지방분권 추진 로드맵, 지방분권특별법, 지방분권 5개년 종합실행계획을 수립하여 역대 어느 정부보다도 정책적 비중을 높였다. 이때 수립된 지방분권 종합계획은 훗날 다음 정부들에게 귀중한 자료가 되었다.

참여정부가 지방분권을 정책적 우선순위에 두었음에도 그 성과는 체감할만한 수준에 이르지 못했다. 참여정부가 추진하였던 중요 지방분권 과제들이 위헌 시비에 걸려 진전을 이루지 못했기 때문이다. 예를 들면 지방정부가 조례제정권의 확대를 위하여 강력하게 요구하였던 지방자치법 22조 단서조항의 삭제가 위헌성 논란으로 진전을 이루지 못했다. 논란이 되었듯이 죄형법정주의, 재산권 제한 법정주의, 조세법률주의에 따라 지방정부의 형벌부과권, 과세자주권, 자치사법권 등이 지방분권으로 이어지지 못했다. 이명박 정부와 박근혜 정부에 들어서도 지방분권의 추진은 매우 형식적인 수준에 그쳤다(김순은, 2016). 그럼에도 불구하고 각 정부의 지방분권 추진의 노력은 매년 축적되고 성숙되어 문재인 정부의 성과에도 적지 않은 영향을 미쳤다(김순은, 2022).

자치분권의 인과관계를 과학적으로 입증하기는 쉽지 않지만 최소한 선거를 통한 정치적 분권이 여·야 간의 정권교체에 기여했다는 데에는 이론이 없을 것이다. 관청의 벽을 낮춰 대주민 행정의 친절도를 높이고 지방행정의 대응성을 높였다(김순은, 2015a). 문경시가 사과 특산지임을 토대로 사과재배, 사과주스 생산, 사과를 활용한 관광산업 육성 등 6차 산업으로 성공을 거두는 사례가 모두 자치분권의 성과라고 할 수 있을 것이다.

6) 제주특별자치도의 추진성과

2006년 7월 출범한 제주특별자치도는 참여정부가 추진하였던 지방분권의 상징적인 정책이었다. 전국을 대상으로 한 지방분권의 어려움과 정책적 불확실성을 해소하기 위하여 먼저 제주도를 특별자치지역으로 지정하는 것을 강력하게 추진하였다.

제주특별자치도는 지방분권의 혁신성과 차등분권의 원리를 구현한 대표적인 정책이었다. 제주특별자치도의 아이디어는 여타 지역과 비교하여 높은 수준의 분권을 추진한 차등분권이었고 기존의 정책틀과 비교할 때 매우 혁신적이었다. 그런데 실제로 추진된 결과는 매우 복잡하고 독특한 형태로 이어졌다.

우리나라의 헌법상 획기적인 차등분권이나 연방원리의 사상은 위헌의 소지가 컸다. 때문에 실제로는 포괄적인 위임이나 이양의 방식을 채택하지 못하고 제주특별자치도와 관련된 제도는 각종 제도의 특례라는 형식으로 이루어져 독특한 형태를 가지게 되었다.

그럼에도 불구하고 제주특별자치도는 2006년 7월 1일 출범한 이후 6차례 걸쳐 4,660건 이상의 제도개선이 이루어졌다. 현재 국회에서 7차 이양을 협의하고 있으며 제주도는 8차 이양을 준비하고 있다.

제주특별자치도는 이양된 권한을 바탕으로 자치분권의 구현과 핵심산업의 발전에 노력하여 가시적인 성과를 거두고 있다. 자치분권체제의 정립을 위하여 총액인건비제도의 배제, 균특회계의 제주계정 설치, 50%에서 100%로의 세율조정권, 도지사 소속의 감사위원회 설치, 자치경찰제 도입, 자율 초·중등학교, 국제고교의 설립허용, 외국의료기관의 설립허용 등의 권한이 제주특별자치도로 이양되었다. 제주특별자치도가 설립되어 나타난 가장 큰 성과는 지방분권이 지역 발전에 긍정적이라는 점이다. 일본과 대만을 중심으로 제주특별자치도에 관한 연구와 관심이 높아지고 있다(양영철 외7, 2016). 제주특별자치도를 선례로 하여 2012년 세종특별자치시가 탄생되었고 2023년 6월이면 강원특별자치도가, 2024년 1월이면 전북특별자치도가 각각 설치될 것으로 예정되어 있다.

7) 중앙집권체제의 제도와 관행 및 인식

1952년 최초의 지방선거가 실시되고 2022년 자치분권2.0시대가 개막되는 등의 우리나라의 자치분권은 나름 꾸준히 발전하여 왔다. 문재인 정부는 앞의 정부들이 놓았던 토대를 디딤돌로 하여 자치분권 7법의 완성, 제2단계에 걸친 재정분권, 자치분권 사전협의제, 초광역협력체제의 구축, 주민자치회 토대 마련 등 자치분권2.0의 토대를 마련하였다.

그럼에도 불구하고 현재의 우리나라 국가운영체제는 아직 중앙집권적인 제도와 관행 및 인식이 매우 강하다. 중앙의 권력기관들이 갖고 있는 고압적인 제도와 관행 및 인식은 크게 바뀌지 않았다. 대표적으로 행정소송을 수행할 때 행정청의 장은 법무부 장관의 지휘를 받도록 되어 있다. "국가를 당사자로 하는 소송에 관한 법률" 제6조 "행정소송을 수행할 때 행정청의 장은 법무부 장관의 지휘를 받아야 한다"는 규정에 근거하고 있다. 동법은 지방자치가 시행되지 않았던 1970년대 개정되어 현재에까지 이르고 있다. 우선 지방자치단체를 행정청이라고 보는 시각, 지방자치단체의 자치역량에 대한 불신, 자치사무의 부정 등의 인식이 반영된 결과로 보인다. 이 외에도 국토교통부, 기획재정부, 교육부, 보건복지부, 경찰청 등 중앙부처들은 중앙집권적인 제도와 관행에 익숙하다.

공무원들의 중앙집권적 인식은 물론 많은 국민들의 인식도 중앙집권적이다. "사람을 낳으면 서울로 보내고 말을 낳으면 제주도로 보내라"는 속담이 가장 대표적인 우리의 인식을 대변하고 있다. 서울지향적인 사고와 인식이 우리나라의 운영체제를 중앙집권적으로 조성하는 기초가 되고 있다. 수도권의 집값이 급격히 상승하는 것도 이와 같은 우리나라의 중앙집권적 인식과 무관하지 않을 것이다.

Ⅳ 자치분권의 모형

1. 지방정부형태의 모형

1) 분권강화 지방정부형(Highly Autonomous Local Government)

자치분권을 논의할 때 대안이 되는 모형은 크게 3가지로 대분된다. 첫 번째의 모형이 분권강화 지방정부형이다. 이 모형은 현행의 정치·행정체제와 지방행정체제의 기본구조를 유지하면서 중앙정부의 권한을 지방으로 이양하는 형태이다. 가장 보수적이고 점진적인 방안이다.

헌법의 개정을 전제로 하지 않을 뿐만 아니라 사안에 따라서는 법률의 개정이 요구되지 않는다. 대통령령이나 부령 등의 개정만으로도 가능하기 때문이다. 현재 중앙정부가 지방정부의 인사와 조직은 "지방자치단체의 행정기구와 정원기준 등에 관한 규정"이라는 대통령령에 의거하고 있다.

1999년 국민의 정부 이후 추진된 우리나라와 1995년 이후 추진되고 있는 일본의 지방분권개혁이 이 모형에 해당한다. 일본은 기존의 도·도·부·현과 시·정·촌이라는 지방행정체제와 재정구조를 존중한 채 도·도·부·현으로의 행정사무 권한을 이양하고 제1차 개혁이 종료된 이후 3위 1체 개혁이라는 재정개혁을 순차적으로 완료하였다.

일본에서 시·정·촌이라는 기초지방정부로의 이양을 보류하였던 것은 합병 등이 논의되고 있었기 때문이었다. 시·정·촌 합병은 현재에도 논의되고 있다(김순은·양은진, 2021). 1999년 3,232개였던 시·정·촌의 수가 2005년 1,821개로 대폭 축소되는 평성대합병이 단행되었다. 2010년 3월 말 1,727개로 축소되었다. 2016년 10월 10일 기준으로 1,718개로 축소되었다. 2022년 기준으로 시의 수가 792개, 정·촌의 수가 743개로 총 1,535개로 축소되었다. 우리나라도 지방분권이 논의되는 기간에 시·군·구 통합 등이 논의되었지만[5] 본격

5 이명박 정부는 지방행정체제 개편을 위한 별도의 대통령 소속 위원회를 설치하기도 했음.

적으로 추진되지는 않았다. 우리나라의 경우 17개의 시·도와 226개의 기초지방정부의 수를 존중하면서 지방분권 논의가 진행되어 왔다. 문재인 정부가 재정분권을 추진함에 있어서도 제1단계는 시·도 중심으로, 제2단계는 시·군·구 중심으로 재원을 배분하였다.

지방분권은 행정적 전문성과 권력투쟁적 정치성이라는 특성을 지니고 있다. 전자는 행정의 전문성 강화와 더불어 지방분권의 대상이 되는 권한이 전문화되어 전문가를 제외하곤 이해하기 매우 어려운 이슈이다. 일반시민이 관심을 두지 못하는 이유가 되기도 한다. 후자는 지방분권을 대하는 중앙과 지방, 광역과 기초, 단체장과 지방의회, 각계각층의 견해가 상이하고 중앙과 지방 간에는 권력투쟁적 성격을 띠게 됨을 의미한다. 양자의 성격으로 말미암아 지방분권은 구호만큼 성과를 내기가 어려운 분야이다(김순은, 2004, 2020a). 일본의 1999년 지방분권개혁을 미완성의 지방분권이라고 평하는 이유이다(西尾, 1999).

이런 점을 감안할 때 분권강화 지방정부형은 헌법의 개정을 거치지 않아도 가능하기 때문에 실현성이 높은 모형이라고 할 수 있다. 제주특별자치도의 설치가 헌법의 개정을 거치지 않고 특례의 설치라는 방식으로 이루어진 것이 대표적인 예이다. 실현성이 높은 반면 혁신적인 개혁이 어렵다는 점은 동시에 단점이다.

2) 지역정부형(준연방제, Regional Government)

세계사적으로 지역주의(regionalism)는 두 시기에 걸쳐 발생하였다. 1960년대와 1970년대 유럽을 중심으로 지역주의가 풍미하였다.

이때에는 지역의 정체성을 중심으로 한 지역주의가 논의의 초점이 되었다. 1980년대 이후부터 1990년대에 걸쳐 새로운 지역주의가 논의되었는데 이때에는 세계의 글로벌화에 따른 경제적 이유가 새로운 지역주의의 배경이 되었다(Assembly of European Regions, 2006).

지역주의의 등장으로 새롭게 지역 정부를 창설하거나 기존의 지역 정부 권한이 강화되었다. 유럽통합으로 유럽의회가 지역정부에 지역 균형발전 기금인 구조기금(structural fund)을 신청할 자격을 부여하였기 때문이다. 프랑스와 이탈리아는 새롭게 지역정부를 창설하였고 영국은 스코틀랜드, 웨일스, 북아일랜드 등 기존의 지역정부 권한을 강화하였다. 잉글랜드 지역에는 새로운 지역정부의 창설을 추진하였으나 성공하지 못했다. 잉글랜드 지역에서는 지역정부의 창설을 위해 2002년 5월 "당신의 지역, 당신의 선택(Your Region, Your Choice: Revitalizing the English Regions)"이라는 백서를 발표하고 이를 보다 구체화하기 위하여 2003년 "지역의회(준비)법(Regional Assemblies (Preparation) Act)"을 제정하였다. 이를 근거로 2004년 11월 잉글랜드 북동지역에 지역정부의 수립에 대한 주민투표가 최초로 실시되었다. 투표율은 48%였으며 지역정부의 수립에 대하여 찬성이 22%, 반대가 78%로 나타나 지역정부의 수립안이 부결되었다. 그 결과 잉글랜드 북서 및 요크샤이어 및 험버지역의 주민투표는 연기되면서 지역정부의 수립안은 무산되었다.

일본은 1957년 경제계에서 광역지방정부의 필요성을 제기한 이후 현재까지 반복적으로 도주제가 논의되고 있다. 정당 중에서는 자민당이 도주제 논의에 적극적이며 2004년 2월 도주제기본법안을 작성하였다. 2006년 제28차 지방제도조사회는 구체적인 도주제안을 제시하였으나 실현되지 못하고 2006년 도주제특구추진법이 제정되어 홋카이도 지역에 우리나라의 제주특별자치도와 같은 특구제도가 추진되었다.

우리나라에서도 시·도를 통합하여 지역정부를 구축하고 이에 부응하는 지역정부형 자치분권이 논의되었다(이승종, 2008, 2010; 김순은, 2013b). 우리나라의 시·도의 행정구역은 현대적 이슈에 대응하기 부적합하기 때문에 현재 17개 시·도를 제주특별자치도를 제외한 5개의 초광역으로 개편하는 안 등이 제시되었다.

지역정부형은 기존의 행정체제를 광역으로 개편하고 높은 수준의 권한을 이양하는 형태이다. 지역정부형이 변화하는 환경, 즉 저출산·고령화 및 지역의 자생적 발전에 적합한 모형으로 평가된다(김순은, 2013b, 2021g). 지역정부가 중앙정부에 비하여 광역적 행정사무를 처리하는 데 효과적이기 때문이다. 지역정부형의 분권을 추진함에 있어서 중앙정부의 의회를 양원제로 설치하는 경우 지역정부가 상원을 지역정부의 대표로 구성하여 자치분권의 수준을 높일 수 있다.

다양한 장점에도 불구하고 지역정부형은 행정체제의 개혁 및 혁신적인 자치분권이 수반되어야 하기 때문에 이를 위한 헌법이 개정되어야 하는 경우도 발생한다. 우리나라의 경우 시·도의 통합을 전제로 하기 때문에 자치분권의 정치성으로 말미암아 추진하기가 쉽지 않다. 대구와 경상북도가 통합을 추진하다가 포기한 사례가 대표적이다. 반대는 중앙정부는 물론 시·도의 정치인 및 공무원들로부터 예상된다. 그들의 자리가 축소되기 때문이다. 부산·울산·경상남도를 중심으로 문재인 정부가 추진하였던 메가시티형 특별자치단체가 여기에 속한다.

3) 연방제

단방제의 정치·행정체제를 연방원리와 구성체의 자율성을 제고하는 연방제로 전환하는 모형이다. 연방정부형 하에서 국가는 연방정부와 주정부로 구성하고 주정부는 독자의 헌법을 갖는다. 주정부의 독자성과 주주권이 보장된다는 점에서 자치분권의 관점에서 가장 이상적인 모형이다. 미국, 독일, 캐나다, 호주, 스위스 등의 국가가 이 모형에 기초하고 있다(이기우, 2014). 일본에서 논의되는 도주제의 가장 혁신적인 안이 연방제이다.

미국, 독일, 스위스 등의 연방제 국가가 예시하듯이 높은 수준의 분권으로 지역의 정체성, 자율성을 제고하는 데 가장 적절한 모형이다. 향후 통일을 전제로 할 때 긍정적으로 검토할 가치도 존재한다. 대통령 선거 때 후보자가 '강소 연방제'를 주장하여 관심을 끌기도 했다. 우리나라의 정치적 현실을 고려할 때 헌법 개정이 이루어져야 하는데 가능성이 매우 낮다는 단점이 있다. 문재인 정부는 연방제의 수준의 자치분권을 강조하였다. 이때의 연방제 수준은 획기적인 자치분권을 의미하는 수사상 표현이었다(김순은, 2021b).

4) 소결론

상기에서 논의한 세 가지의 유형을 비교하면 〈표 1-1〉과 같다. 헌법개정의 유무, 정치행정체제 개정의 유무, 이양의 수준을 각각 비교하면 연방제형과 지역정부형은 헌법개정 등의 과정을 거쳐야 하기 때문에 쉽지 않다. 2017년 대통령 선거가 끝나고 2018년 자치분권형 헌법개정안이 발의되었으나 자치분권형 개헌으로 이어지지 못했다. 현실적으로는 지방정부강화형이 가장 실현가능한 모형이다. 헌법개정이 이루어질 경우에 따라 지역정부형도 적극적으로 검토할 만하다. 연방제 모형은 남·북통일을 고려한 체제개편을 논의할 때 유용할 것이다.

표 1-1. 자치분권의 모형 비교

	헌법 개정 유무	정치행정체제 개정 유무	이양의 수준
지방정부강화형	무	무	상, 중, 하
지역정부형	무, 유 가능	유	상
연방제형	유		상

2. 권한 배분 방식의 모형

1) 대칭적 자치분권

국가에 따라 상이하지만 한 국가 내에서 지방정부는 매우 다양하다. 자치계층에 따라 단층제와 2층제, 3층제 등의 다양한 계층이 존재한다. 계층은 행정구역, 행정권한, 인구의 면에서 커다란 차이를 보인다. 우리나라도 광역지방정부로 시·도, 특별자치도, 특별자치시가 있으며 기초지방정부는 시·군·구로 구분된다. 광역의 도시는 특별시와 광역시로 대분된다.[6] 동일한 계층 내의 지방정부 간 자치능력과 다양성을 고려하지 않고 동일한 수준의 정치행정권을 이양하는 형태를 대칭적 자치분권이라고 한다.

연방제하에서 연방정부와 주정부 간의 대칭적 자치분권을 실시하는 국가가 미국[7], 독일, 스위스[8] 등이다. 미국의 경우 인구 4,000만 명의 캘리포니아와 인구 57만의 와이오밍이 동일한 수준의 정치행정권한을 보장받고 있다.

2) 차등적 자치분권

대칭적 자치분권과는 달리 지방정부의 다양성과 자치능력 및 정치적 배려에 따라 상이한 수준의 자치분권이 지역에 따라 이루어지는 형태를 차등적 자치분권이라고 한다. 차등적 자치분권은 지방정부의 특성이 제도로 표출된다는 장점이 있다. 특히 정치적, 경제적 상황을 고려하여 특별한 배려가 가능한 모형이다.

정치적 요구 및 필요에 따라 비대칭적 지방분권이 이루어진 사례로는 포르투갈의 마데이라와 우리나라의 제주특별자치도, 세종특별자치시, 강원 및 전북특별자치도, 특례시, 각종 특구제도 등을 들 수 있다. 도서라는 특수적 지리적 여건을 감안, 특별한 자치분권을 통한 발전을 기획한 사례가 마데이라와 제주특별자치도이다. 마데이라는

6 2020년 12월 지방자치법의 개정으로 인구 100만 이상의 도시 중에서 특별시와 광역시를 제외한 도시에 특례시의 자격을 부여하였음.

7 미국도 연방정부와 푸에르토리코와의 관계는 연합에 해당함.

8 스위스의 경우 서로 다른 2개 이상의 공용어가 인정되는 권한에 근거하여 비대칭적 연방제로 분류하는 견해도 있음. 26개의 Canton으로 구성됨. 근거로 칸톤 중에는 제한적인 지위를 지니는 것이 있음을 제시함.

포르투갈의 본토로부터 떨어진 지역으로 다른 지역에 비하여 특수한 정치·행정권한을 헌법적으로 인정받고 있다. 우리나라의 제주특별자치도도 2006년 7월 출범한 이후 6차례에 걸친 제도개선으로 4,660개 이상의 특례가 인정되었다.

특례라는 차원에서 일정지역에 규제완화와 특례를 인정하는 정책이 특구제도이다. 중국은 특구제도를 통하여 경제발전을 이룬 대표적인 국가이다. 이를 모범으로 삼아 일본도 구조개혁특구, 국가전략특구, 최근에는 지방창생특구라는 제도를 활용하여 저출산·고령사회에 대응하고 있다. 우리나라에서는 2020년 지방자치법 전부개정으로 인구 100만 이상의 특례시가 탄생하였다.

3. 정부 간 관계의 모형

1) 지도·감독모형

자치분권을 논의함에 있어서 더불어 논의되어야 할 모형이 중앙정부와 지방정부 간의 관계에 관한 모형이다. 정부 간 관계를 지방자치의 관점에서 보면 단체자치와 주민자치의 모형으로 볼 수 있다.

우리나라의 지방자치는 단체자치의 틀하에서 지방을 정치주체로 인정하지 않고 중앙정부의 지도와 감독하에 있는 자치단체로 인식하고 있다. 엄밀히 말하면 정부 간 관계라는 용어보다는 중앙-지방 관계라는 용어가 적절한 이유이다. 2018년 헌법 개정을 앞두고 논의되었던 내용 가운데 지방자치단체라는 용어보다 지방정부라는 용어를 사용하여야 한다는 주장이 이를 대변하였다(이기우, 2017).

1999년 국민의 정부의 "중앙행정권한 지방이양 촉진 등에 관한 법률"의 제정, 2003년 참여정부의 "지방분권특별법" 제정, 2008년 이명박 정부의 "지방분권 촉진에 관한 특별법" 제정, 2010년 이명박 정부의 "지방행정체제 개편에 관한 특별법" 제정, 2013년 박근혜 정부의 "지방분권 및 지방행정체제 개편에 관한 특별법" 등 다양한 명칭의 특별법을 통하여 지방분권을 추진하였지만 중앙-지방의 관계는 지도·감독의 틀하에서 추진되었다. 1999년 이후 중앙정부의 행정권한이 이양되고 다양한 지방분권에 관한 논의가 진행되었지만 지방자치법 제9장의 지도·감독의 사항은 거의 변화되지 않았다. 2020년 12월 지방자치법이 전부 개정되기 이전에는 우리나라 지방자치법상의 지도와 감독의 내용은 아래 〈표 1-2〉와 같다. 위임사무는 차치하고라도 자치사무에 대해서도 다양한 형식의 지도와 감독을 행하고 있었다. 2009년 영국의 캐머런 정부 이후 지방정부의 감사를 담당하던 감사위원회를 폐지하여 지방의 자율성을 높인 사례와는 매우 대조적이다(김순은, 2011).

표 1-2. 2008년 지방자치법상 지방에 대한 국가의 지도·감독 방식

	자치사무	위임사무	근거
조언 또는 권고, 지도	○	○	법 제166조 1항
자료의 제출 요구	○	○	법 제166조 1항
일반적인 지도·감독		○	법 제167조 1항
위법한 명령·처분의 시정명령, 취소 또는 정지	○	○	법 제169조 1항
현저히 부당하여 공익을 해한다고 인정되는 명령·처분에 대한 시정명령, 취소 또는 정지		○	법 제169조 1항

직무이행명령(관리 및 집행을 명백히 해태하고 있다고 인정되는 경우)		○	법 제170조 1항
대집행 또는 행정·재정상 필요한 조치		○	법 제170조 2항
법령위반 사항에 대한 감사, 보고요구, 서류·장부·회계 감사	○	○	법 제171조
위법 또는 공익을 현저히 해치는 지방의회 의결에 대한 재의 요구 지시	○	○	법 제171조 1항
위법한 지방의회의 재의결에 대한 제소 지시 및 집행정지결정의 신청	○	○	법 171조 4항

2) 협력적 거버넌스 모형

시장의 실패와 정부의 실패를 경험한 선진국들은 다양한 이론에 기초한 개혁을 단행하였다. 대표적인 이론이 신공공관리론, 시민사회론, 네트워크론과 파트너십론, 지방분권론이다. 첫 번째의 행정개혁을 선도한 이론이 신공공관리론이다. 행정에 관리라는 민영부문의 용어를 사용하였듯이 민간부문의 경영원리를 공공부문에 적용하자는 이론이다. 행정에도 효율성, 효과성, 경제성 등의 가치가 강조되었고 이에 따른 민영화, 경쟁원리의 도입, 성과급제 등의 개혁조치가 잇따랐다. 중앙정부는 물론 지방정부도 개혁의 대상이었다(Peters, 1996).

신공공관리론이 정부의 역할을 축소시키면서 시민사회와 시장의 역할은 강화되었다. 전통적으로 시민은 정치와 행정의 단순한 객체에 머물렀는데 점차 주체의 역할을 수행하게 되었다. 새로운 차원의 시민참정, 시민통제가 가능하게 됨으로써 사회문제의 해결에 시민사회의 역할이 점증하였다. 시민사회의 역량을 사회자본이라는 개념을 통하여 강조하였다(Putnam, 1993, 2000).

사회문제의 해결에 다수의 주체들이 참여하게 됨에 따라 이슈에 따른 이슈 네트워크와 다양한 주체 간의 파트너십이 어느 때보다 강조되기 시작하였다. 신공공관리론과 파트너십론은 여러 가지 측면에서 상이한 목적과 이념 및 가치 등이 상이하여 이를 조정하는 과정이 새로운 도전이 되기 시작하였다. 협동과 경쟁, 공개와 보안, 통치가치성과 탄력성, 책임성과 효율성 간의 대립이 파트너십론의 딜레마가 되었다(김순은, 2009).

중앙정부와 지방정부 간에는 지방분권이 추진되면서 새로운 관계가 형성되기 시작하였다. 규모의 경제와 민주주의론이 자치분권의 주요한 이론적 기초이다. 전자는 지방정부가 처리할 수 있는 사무를 중앙정부가 처리하는 것은 규모의 경제상 비효율적이라는 주장이다. 보충성의 원칙을 지키는 것은 경제적으로 효율적이다. 후자는 주민주권에 기초한 지방의 민주주의를 육성하고 발전시키는 것도 헌법의 중요한 이념으로 이의 실천은 지방분권을 통하여 가능하다는 주장이다. 자유 민주주의의 체제하에서 중앙-지방 간 수직적 권력분립은 이러한 이념의 산물이다(김순은, 2009).

영국, 미국, 일본 등 선진국들은 상기에서 논의한 신공공관리론, 시민사회론, 네트워크론과 파트너십론, 지방분권론 등을 나름 성공적으로 달성함으로써 사회문제를 해결하는 새로운 형태와 사회구조 및 방식을 낳았다. 결과로서의 사회구조와 방식을 거버넌스라고 칭한 이후 거버넌스라는 용어가 행정학 및 사회학의 중요한 용어가 되었다. 반면 개발도상국에게는 거버넌스가 성취하여야 할 규범적 과제가 되었다. 세계은행, IMF 등이 원조의 조건으로 거버넌스의 구축 및 투명성을 요구하고 있기 때문이다.

국가를 형성하는 중앙정부와 지방정부 간에도 거버넌스가 요구되기 시작하였다(Horie and Nagata, 1999). 많은 국가에서 지방정부는 자율성을 지닌 정치주체이면서 동시에 중앙정부의 하위행정기관의 지위를 갖는다. 정책은 중앙정부가 결정하고 지방정부가 집행하는 경우도 잦다. 네델란드, 포르투칼, 터키 등이 대표적인 예이다(Assembly of European Regions, 2006). 일본과 우리나라는 중앙정부와 지방정부의 기능이 중첩되고 중앙정부의 정책이 지방정부에 의하여 집행된다. 1999년 일본에서 기관위임사무가 폐지되고 법정수탁사무가 신설되었지만 형식은 유사하다. 우리나라도 융합형에 속하며 중앙정부의 정책 즉 위임사무는 지방정부에 의하여 집행된다(김순은, 2003a).

우리나라에서 1961년 지방자치가 폐지된 것은 1952년 이후 보여준 지방자치의 혼란과 부작용이 주요 원인이었다. 민주성을 희생하고 행정의 효율을 극대화하기 위한 행정체제의 구축이 이루어졌다. 중앙-지방의 관계는 철저한 지도와 감독의 틀하에서 이루어졌다.

경제의 괄목할 만한 성장은 이루었으나 민주성의 훼손과 수도권 집중이라는 폐해는 지방자치의 부활을 요구하는 단초가 되었다. 1987년 6·10항쟁의 성과로 지방자치가 부활되는 전기가 되었다.

1991년 지방의회의 출범, 1995년 선출직 지방정부의 장의 선거 실시로 외형적이나마 지방자치의 틀을 갖추었다. 정치적 분위기상 1999년 이후 지방분권의 흐름이 강하게 일어나 지방분권의 중요성이 강조되기 시작하였다. 정부마다 지방분권에 대한 비중은 상이하였으나 최소한 외형적으로는 지방분권을 부정하지는 않았다(김순은, 2016, 2022).

30여 년이 경과한 현재 지방은 자치단체로 평가하기보다는 정부로 평가하여도 무방할 정도로 지역의 이슈를 수렴하고 정치적으로 조정·결정하고 있다. 지방이 자치단체의 지위에 머물 때는 중앙의 지도와 감독이 매우 효과적이었다. 그러나 지방정부로 발전한 이후부터는 중앙의 단순한 지시와 감독이 비효과적일 뿐만 아니라 지방과의 갈등과 마찰을 낳았다. 박근혜 정부시절 누리예산을 둘러싼 중앙-지방의 갈등이 대표적인 사례이다.

문재인 대통령은 후보시절부터 지방자치와 지방분권에 대한 구체적인 공약을 제시하였다. 문재인 대통령 후보자가 제시하였던 지방분권 관련 공약은 아래와 같다(더불어민주당, 2017).

(1) 지방분권의 내용

- 지방정부의 자치입법권, 자치행정권, 자치재정권, 자치복지권을 보장한다.
- 지방의회의 권한을 강화하고 지방의회의 전문성을 제고하는 차원에서 입법정책을 지원할 전문인력의 확충을 추진한다.
- 강력한 재정분권을 추진한다. 이를 위하여 국세-지방세 간 합리적 세목조정, 지방소비세의 확대를 추진한다. 지방교부세의 상향, 교부세 제도의 개선, 이전재원의 조정도 재정분권의 주요한 내용이다. 국고보조금의 포괄보조금화도 포함되어 있다. 지방재

정의 건전성을 위한 방안도 중요하게 다루어졌다.

- 광역단위의 자치경찰을 추진한다.
- 주민참여의 확대로 풀뿌리 민주주의의 강화를 추진한다. 주민참여의 실질화를 위하여 각종 요건을 완화하고 주민참여예산제도의 실효성을 제고한다.

(2) 지방분권의 방식

- 상기의 내용을 효과적으로 추진하기 위해 일괄이양법의 제정을 추진한다.
- 지방자치법과 지방자치단체의 행정기구와 정원기준 등에 관한 규정을 개정한다.

문재인 정부하에서 상기와 같은 자치분권이 이루어져 종래와는 상이한 정부 간 관계가 구축되었다. 문재인 정부 출범 이전에는 중앙정부의 일방적인 지시와 감독이 복지정책과 관련하여 지방의 반발을 야기하였다. 문재인 정부 안에서 지방정부의 권한이 강화되고 자율성이 높아지면서 중앙정부-지방정부 간의 관계는 협력적 거버넌스의 모형으로 발전될 것으로 기대되었다. 뒤에서 논의하겠지만 문재인 정부는 '지방자치분권 및 지방행정체제 개편에 관한 특별법'을 개정하여 획기적인 자치분권을 추진하였다. 그 결과 지방자치법의 전부개정, 중앙-지방협력회의법의 제정 등을 통하여 중앙-지방의 새로운 협력적 거버넌스를 구축하였다.

중앙정부와 지방정부는 상호 간 정보와 인사의 교류, 상호 신뢰와 협력, 공동목표를 추진하는 견고한 파트너로 인식하는 것이 중요하다. 이미 1960년대 위대한 사회(Great Society)의 건설을 위하여 다양한 정책을 추진하였던 미국이 정부 간 협력의 중요성을 각종 연구에서 확인하였다(Kim, 1991). 일본도 1999년 일괄이양법으로 지방분권을 실행할 때 중앙정부의 관여를 엄격하게 제한하여 정부 간의 신뢰와 협력 분위기를 제도적으로 보장하였다. 중앙정부의 관여는 반드시 법정주의, 일반법주의, 공개·투명의 원칙에 의거하여야 한다.

1997년 이후 영국 노동당 정부가 시행하였던 정부 간 관계도 많은 시사점을 안겨주고 있다. 노동당이 집권하고 지방정부별로 구성되었던 지방정부협의회가 단일의 지방정부연합회(Local Government Association)로 통합되면서 중앙정부와 지방정부 간의 작업관계는 매우 생산적으로 변화하였다. 중앙정부와 지방정부는 상대를 국정의 동반자라는 인식하에 상호협력의 필요성을 절감하였다. 중앙정부와 지방정부는 1997년 "파트너십을 위한 틀(A Framework for Partnership)"이라는 문서에 동시에 서명하면서 상호 동반자의 필요성을 확인하였다(Office of the Deputy Prime Minister, 2005). 이 문서는 공동목표를 위하여 중앙정부와 지방정부의 역할, 권한 및 협력의 목표를 구체적으로 명시하였다. 중앙정부와 지방정부가 상호·대등한 협력적 거버넌스를 구축하고 비이기성, 성실, 객관성, 책임성, 공개성, 정직 및 리더십이라는 공직자의 행동규범을 준수하는 것에 합의하였다는 데 의의가 있었다(Office of the Deputy Prime Minister, 2005). 협력적 거버넌스의 틀하에서 중앙정부와 지방정부 간 합의된 공공서비스 우선순위제도(Shared Priorities for Public Services between the Central Government and Local Government Association), 포괄적 성과평가제도(Comprehensive Performance Assessment), 지방 공공서비스 협약제도(Local Public Service Agreement)라는 노동당의 성과를 낳았다(김순은, 2003b, 2005b; 한표환 외1, 2004).

V 자치분권 개혁의 어려움

1. 자치분권의 환경

지난 반세기 동안 우리나라는 세계가 가장 주목하는 국가로 발전하였다. 대표적인 지수가 3050클럽의 가입이다. 국민소득 3만 불 이상이면서 인구 5,000만 이상의 국가를 일컫는 3050클럽은 소위 선진국대열이다. 우리나라가 일곱 번째 회원이 된 것이다. 우리 모두가 자랑스러워할 일이다.

그런데 다른 회원국들과 우리나라 사이에 커다란 차이점이 발견된다. 그들이 오랜 전통의 지방자치와 분권체제를 유지하여 온 반면 우리나라는 장기간 중앙집권체제를 고수하였다는 점이다. 단기간의 산업화와 경제성장을 위해 한정된 자원으로 선택과 집중이라는 전략을 추진하기 위한 불가피한 선택이었을 것이다. 그 결과 괄목할 만한 경제성장과 더불어 부작용도 커지고 있다.

모든 주요한 정책과 이슈가 중앙정부로 집중되어 처리되다 보니 갈등의 양과 폭이 매우 크고 넓다. 최근 발표된 자료에 의하면 우리나라가 30개 경제협력개발기구(OECD) 중 갈등의 정도가 상위 세 번째이다. 우리나라보다 갈등이 많은 국가는 멕시코와 이스라엘뿐이다. 이 자료는 정치, 경제, 사회 분야 13개 지수를 활용한 것이다.

수도권 집중 현상도 이제는 염려 이상의 수준이 되었다. 우리나라의 지역경제, 주요기업 및 첨단기술 등이 수도권에 집중되어 있으며, 수도권이 지방의 모든 것을 빨아들이는 블랙홀 현상이 지속되고 있다. 2020년부터는 인구의 자연감소, 수도권·비수도권 간 인구역전 등이 시작되었는데 2020년 기준 전체 인구의 50.2%가 수도권에 거주하고 있으며, 수도권에 거주하는 20~30대는 무려 54.5%에 이르고 있다. 통계청과 보건사회연구원에 따르면 2000년~2019년 20대 청년이 지속적으로 수도권에 순유입되었으며, 동기간 지방청년은 20% 감소하였다.

1991년 지방자치제도 부활 이후에도 역대 정부는 수도권-비수도권의 불균형 해소를 위해 정부 주도로 수도권 규제 등 인구 억제 정책과 지방거점도시 육성 등 균형발전정책을 추진했다. 특히 참여정부는 행정중심복합도시 건설, 공공기관 지방 이전 등 핵심과제를 중점적으로 추진하였다. 하지만 수도권 일극 집중은 여전히 현재 진행형이다.

2. 자치분권 개혁의 어려움

시대의 발달로 보편적 가치의 양과 질이 확대되면서 규제의 강화로 이어졌다. 초기에는 인간의 기본권이 작은 정부의 실현으로 가능하다고 보았다. 점차 시장의 실패로 여성 및 사회적 소수자의 보호에 관한 인권, 환경보호, 복지와 안전 등 공공성의 확보, 성인지 등의 보편적 가치가 강화되었다. 이 분야에 걸친 글로벌 기준의 강화도 두드러졌다. 규제의 확대로 이어졌다. 중앙집권도 지방을 통제하는 규제의 한 종류이다.

강화된 규제개혁이 또 하나의 중요한 사회적 이슈가 되었다. 규제의 시대적 정신이 현실과 부합되지 않는다는 것이 첫 번째의 관점이다. 점증된 규제의 양이 역설적으로 기본권을 제한하게 된 것이다. 때로는 규제의 질이 시대적 상황의 변화로 현실과 괴리되는 현상이 발생하게 되었다.

두 번째의 관점은 경제적 활동의 보장이다. 강화된 규제가 경제활동을 제약하는 결과로 이어져 경제 활성화를 위해 규제개혁을 요구하게 된 것이다. 여기에는 경제적 규제의 완화, 민간부문의 경쟁촉진, 산업 생산성 제고, 고용기회의 확대, 임금이나 소득의 증대, 인구감소지역의 배려 등이 포함되어 있다.

규제개혁의 필요성에도 불구하고 규제개혁은 매우 어려운 정책적 과정이다. 첫 번째의 이유는 행정의 복잡성과 공공성의 모호함에서 찾을 수 있다. 행정이 점차 고도의 전문성과 정치성을 띰에 따라 행정을 이해하고 분석하며 이에 따른 개혁이 어려운 과정으로 변모되었다. 공공성의 모호함은 행위자 간의 합의를 도출하는 데 어려움으로 작용하며 그 결과 규제개혁의 목표와 수단을 결정하기가 어렵다.

행정행위와 관련된 지대추구와 기득권 유지도 개혁을 가로막는 중요한 일반적 요인이다. 일단 행정기관의 인·허가만으로 진입장벽이 형성되어 기득권 유지로 이어진다. 인·허가 대상영역이 많을수록 지대추구를 위한 로비활동이 증가한다. 이에 따른 사회적 비용이 증가하게 된다. 인·허가와 개발계획 또는 규제와 같이 정부의 개입이 크면 클수록 지대추구로 인한 사회적 비용이 증가한다.

규제개혁의 어려움은 관료제의 병폐 중에서도 찾을 수 있다. 공직사회에 팽배한 권위주의와 무사안일주의는 항상 개선의 대상이었다. 행정개혁을 논의할 때 적극행정과 탈권위주의를 강조하는 것은 동전의 양면이다.

규제개혁의 어려움은 수요자 측면에도 존재한다. 주민의 무관심과 도덕적 해이도 중요한 요인이다. 소비자가 주인이라는 소비자 주권이 약화되고, 자치책임이 부족한 도덕적 해이도 규제개혁을 가로막는 요인이다.

규제개혁의 어려움을 감안하여 채택된 방안이 특례(특구)제도이다. 전면적인 규제개혁이 매우 어렵기 때문에 행·재정 및 국가의 지도와 감독 등 행정 분야에 따라 공간적, 시간적 차이를 두고 실시하는 제도가 발전되었다. 행정 분야의 차이가 나면 특례이며 지리적·시간적 차이를 두면 특구라 칭한다.

특례(특구)제도는 연방원리와 차등분권의 원리와도 부합한다. 구성체의 정체성과 자율성을 인정하고 구성체의 공동이익을 위해 상호협력한다는 것이 연방원리이다. 연방원리는 자율과 상호협력으로 구성되며 자율이 차별성의 기초가 된다. 차별성으로부터 특례(특구)가 파생된다. 단방제 국가에서는 차등분권이 연방원리와 유사한 원리이다. 자치분권도 규제개혁의 한 종류로 볼 수 있다.

제2장

문재인 정부의 자치분권 철학과 이론

2장

문재인 정부의 자치분권 철학과 이론

I 문재인 정부의 자치분권 철학

1. 국가주의와 지방주의

사회현상을 이해하고 설명하는 데에 다양한 철학과 사상이 부침을 거듭하여 왔다. 국가와 사회가 발전함에 따라 그들을 뒷받침하는 철학과 사상도 변화하였다. 그러한 변화에도 불구하고 여전히 국가주의는 강한 호소력을 가지고 사회를 움직이는 신조 중 하나이다. 사회의 조직체 중에서 국가를 가장 우월한 존재로 믿는 국가주의는 시대적 상황에 따라 변형되었지만 대부분의 국가에서 일반적으로 통용되고 있다. 국가주의의 스펙트럼은 매우 넓다. 최소한의 국가 기능을 지지하는 야경국가에서부터 최대한의 통제체제인 전체주의까지 국가주의에 포함된다. 국가의 권능이 강조되는 현대의 복지국가 역시

국가주의의 스펙트럼에 속한다.

우리나라에서 있어서 국가주의는 두 가지 특징을 지닌다. 먼저, 우리나라의 국가주의는 사법의 집행 외에도 국가가 경제 및 사회 영역에 최적의 통제력을 발휘하는 것이 옳다고 믿는 신조를 의미한다. 국가의 존재를 당연시할 뿐만 아니라 적극적으로 옹호하는 편이다. 그 결과 선진국에 비하여 국가의 역할이 크며 규제의 영역도 넓은 편이다. 한때 우리나라에서 사용되었던 "국민학교"라는 용어는 이러한 국가에 충성하는 국민을 교육하는 기관을 의미하는 것이었다.

두 번째의 특징은, 우리나라에서 국가는 주로 중앙정부를 의미하는 용어라는 점이다. 지금까지도 법령에서 국가라는 용어를 중앙정부와 동의어로 사용하는 것이 대표적인 예이다. 지방자치가 폐지되었던 1961년부터 1991년까지는 물론, 현재도 중앙정부는 국가를 의미하며 지방은 정치의 주체로 인정되지 않은 자치단체에 머물고 있다.

중앙정부의 권한을 강화하려는 중앙집권주의와 연방주의에 대하여 지방의 정치적 권한을 강화하여야 한다고 주장하는 사상이 지방주의이다. 지방주의는 주민의 참여를 극대화하고 지방정부의 책임을 강조하는 사상이다. 정부의 정책에 대해서도 지방으로부터 제시되어 결정되는 상향식 방식을 지지한다. 반면 일방적인 하향식 리더십은 지양하며 정부권능의 분권화를 옹호한다.

우리나라의 경우 대부분의 정치·행정학자들은 국가주의에 기울어져 있다. 조선시대 이후 현재까지 국가가 우월한 지위에서 국민을 다스리는 것을 당연시하였다. 우리나라의 경우 헌법상 지방자치제도가 도입되었음에도 불구하고 의식은 물론 몸속까지 중앙집권적이라는 평가가 아직은 유효하다.

예를 들자면 문재인 정부하에서 사법절차의 개선을 추진한 바가 있다. 1970년대의 법에 따라 아직까지 우리나라 자치단체가 행정소송을 수행할 때 검사의 지휘를 받도록 되어 있다. 아마도 1970년대 지방자치는 없고 지방행정만 존재하였던 상황에 기인하는 제도라고 할 수 있다. 자치사무의 경우 검사의 지휘감독을 배제하고 자치단체가 독자적으로 소송을 수행하도록 자치분권의 차원에서 개선을 추진하였다. 그런데 법무부의 강력한 반대에 부딪혀 진전을 보지 못했다. 국가주의의 소산이라고 보인다.

우리나라에서는 지방자치를 연구하는 소수 그룹만이 지방주의를 지지하고 있다. 자치분권의 당위성을 감안할 때 지방주의의 확산이 시대적으로 요구된다.

미국에서는 독립 이후 보다 강력한 중앙정부의 권한을 위한 연방제 논의가 개시될 때 효율성 위주의 국가주의는 해밀턴, 지방주의는 제퍼슨이 주장하였다. 미국 연방헌법은 이들의 주장이 조화롭게 타협된 결과라고 할 수 있다.

영국에서는 전통적으로 지방주의가 강했다. 지역의 특색이 반영된 지방자치가 오랜 전통이었다. 1980년대 국가 위기를 개혁하고자 대두된 신공공관리론의 강력한 집행을 위하여 국가주의로 잠시 회귀하였다. 1997년 노동당 정부의 출현으로 지방주의가 강화되었다. 2010년 출범한 캐머런 연합정부는 이를 더욱 강화하여 2011년 지방주의법(Localism Act)을 제정하여 지역 공동체의 권한을 더욱 강화하였다(김순은, 2011).

2. 자유주의와 진보주의

근대국가의 탄생에 가장 큰 영향을 미친 사상이 자유주의이다. 인간의 가치와 존엄성을 옹호하는 사상으로 자유주의는 생명, 자유, 평등, 행복추구권 등 구체적인 인간의 기본권을 가장 소중한 가치로 제시한다. 모든 인간은 태어날 때부터 남에게 양도할 수도 없고 침해받아서는 안 되는 소중한 천부적 인권을 갖는 것으로 믿는다. 각 개인은 개인의 노력을 통하여 천부인권을 지키고 신장해야 한다.

그런데 이기적이고 탐욕적인 인간은 각자의 이익을 극대화하기 위하여 끊임없는 경쟁을 펼친다. 그 결과 인간 서로가 반목하는 투쟁으로 이어져 자칫 혼돈의 상태에 처할 가능성이 매우 크다. 이를 방지하기 위하여 인간들은 사회계약을 통하여 국가의 존재를 창설하고 인간의 분쟁해결을 위임한다. 이때 국가는 작고 최소한의 권능을 행사하여야 한다는 것이 자유주의의 사상이다. 윤석열 정부도 "자유"를 기회가 있을 때마다 강조하고 있지만 지방정부 등 작은 정부를 적극적으로 옹호하는 것 같지는 않다. 자유주의는 민주주의와 결합하여 현재까지 가장 큰 영향력을 갖는 정치적 이념이 되었다.

자유주의와 자본주의가 결합하여 경제적 성장이 괄목할 수준으로 이루어졌다. 반면 부작용 또한 적지 않았다. 독과점에 의한 독점이윤의 발생, 부당노동, 빈부의 격차, 정당 기구정치의 폐단 등은 새로운 정치적 철학을 요구하게 되었고 이에 부응한 것이 진보주의이다. 영국의 공리주의, 사회주의, 공산주의 등이 진보주의 범위에 속한다. 진보주의의 특징은 시민의 참여, 전국의 통일적 기준, 소득의 재배분

등이다. 시민의 참여를 촉진시키기 위하여 주민의 직접참정제도가 강화되었고 여성의 투표권이 인정되었다. 최저임금이나 법정노동시간 등 국가의 최소한의 기준 보장이나 소득의 재배분을 위하여 국가의 권한이 강화되었다. 미국의 경우 1913년 헌법 수정조항 16조의 도입에 따라 소득 재배분을 위한 소득세가 시행되었다. 지방의 수준에서 진보주의는 19세기 말에 구현되었다. 지방정치에 대한 혐오를 바탕으로 진보주의 운동이 거세가 일어나면서 시관리자제도(city manager), 대선거구제(at large system), 정당표방 금지제도(non-partison election) 등이 도입되었다(김순은·양은진, 2021).

3. 정치적 철학과 사상의 조합

상기에서 논의한 국가주의와 지방주의, 자유주의와 진보를 조합하면 우리나라의 정부와 사회현상을 설명하는 데 더욱 유용하다. 아래 〈표 2-1〉에서 보는 바와 같이 자유주의의 사상이 강한 국가에서는 지방주의가 당연한 귀결이다. 자유주의는 작은 정부를 지지하고 작은 정부는 지방분권과 이어지기 때문이다. 반면 국가책임의 최저선을 강조하는 진보주의는 전국의 통일적 기준을 강조하기 때문에 이를 집행하기 위한 국가주의가 논리적 귀결이다.

표 2-1. 정치적 철학의 조합

	국가주의	지방주의
자유주의	- 이승만, 박정희, 전두환, 노태우, 김영삼, 이명박, 박근혜, 윤석열 정부	- 영국의 보수당 - 미국의 공화당
진보주의	- 영국의 노동당 - 미국의 민주당	- 노무현, 문재인 정부

그런데 우리나라에서는 매우 상이한 정치적·철학적 특징을 가진다. 대외적으로 자유주의를 표방한 대부분의 정부는 경제발전을 앞세워 정치적 권위체제를 구축하였다. 우리나라의 진보주의는 독재에 대한 자유 쟁취, 국가의 최저점 보장이라는 2가지 목표를 동시에 추구하여야 하는 역사적 책무를 맡게 되었다. 그 결과 노무현, 문재인 정부의 철학적 특징은 지방주의-진보주의로 이어졌다.

2022년 출범한 윤석열 정부는 적어도 현재까지는 지방주의와 자유주의를 표방하고 있다. 인수위원회 시절 지역균형발전특별위원회를 설치하고 자치분권과 균형발전을 동시에 담당하는 기구의 신설 등 윤석열 정부도 적극적인 대외적 활동을 보였다. 윤석열 정부 출범 이후 행정안전부의 기구 명칭 변경을 통하여 보면 자치분권보다는 균형발전이 강조되는 듯하다.

4. 문재인 정부의 정치적 철학과 가치

1) 국가주의와 국민주권에 대한 비판적 고찰

1960년대 이후 우리나라의 사회적 가치는 산업화에 기초한 경제발전이었다. 1인당 국민소득 US 87$의 가난에서 벗어나 "한강의 기적"을 달성하고자 하는 목표는 국민 모두의 염원이었다.

경제발전을 위하여 민주성보다는 효율성이 중시되었다. 경제적 효율성을 위하여 국가 전체가 일사불란하게 움직이는 체제가 요구되었으며 이를 정당화하기 위한 철학이 국가주의였다. 국가주의하에서 국가는 중앙정부를 의미하였으며 지방은 정치의 주체로 인정되지 않고 중앙정부의 지시와 감독을 수행하는 지방행정에 머물렀다. 지방은 그저 중앙행정의 대리인이었다. 지방은 자치단체로서 중앙정부의 지시와 감독 또는 위임에 따른 행정을 수행하는 수동적인 지위의 지방행정을 의미하였다. 국가주의 아래 정치·행정은 논리적으로 중앙집권체제로 이어진다. 현재 제도적으로도 국가라는 용어가 중앙정부를 의미하는 것으로 사용되고 있다(김순은, 2018a).

우리나라의 국민주권 사상은 국가주의와 중앙집권을 뒷받침하였다. 주권의 연원은 프랑스이다. 도시국가의 건설이 늦었던 프랑스 도시의 시민들은 봉건영주의 지배에서 벗어나기 위하여 왕권과 연합하였으며 이때 왕권의 강화를 위하여 창안한 개념이 주권이다. 왕권신수설에 의한 군주주권이 홉스를 거치면서 사회계약에 의한 군주주권론으로 발전되었다. 시민들은 군주주권론에 기초하여 강력한 군주제를 옹호하며 그 대가로 봉건영주의 압제를 견제하는 효과를 기대하였다(김순은, 2018b).

우리나라의 국민주권 사상은 국가와 중앙정부의 권한을 강화하는 기초였다. 국민들은 중앙정부에 권한을 위임하고 지방은 중앙정부가 재위임한 범위 내에서만 권능을 부여받은 것으로 해석함으로써 지방의 정치주체성을 크게 제약하였다. 국민주권 하에서 지방은 정치의 주체로서 인정받지 못한 것이다.

효율성 중시의 국가주의와 국민주권 사항은 적지 않은 사회적 문제와 부조리를 낳았다. 개인 간의 양극화는 물론이고 수도권과 비수도권 등 지역 간의 양극화를 낳았다. 50%를 상회하는 수도권 집중도는 우리의 지역 간 격차의 심각성을 보여주고 있다. 지나친 효율성 중시의 국가주의하에서 국민의 기본권은 크게 제약되었다. 무엇보다도 사회권의 보장범위가 매우 협소하였다.

1991년 이후 비록 지방자치의 재개로 정권교체를 통한 민주주의의 발전이 이루어졌지만 아직도 대리인 중심의 자치가 일반적이다. 일반 주민들의 참여에 의한 주민자치는 아직도 미완의 과제로 남아 있다. 문재인 정부의 사회적 가치는 이러한 국가주의와 국민주권에 대한 비판으로부터 도출된다(김순은, 2018b).

2) 문재인 정부의 사회적 가치

문재인 정부의 사회적 가치는 대통령 취임사 및 자치분권형 헌법안을 통해서 확인할 수 있다. 문재인 대통령은 기회의 평등, 절차의 공정, 결과의 정의를 가장 중요시되어야 할 사회적 가치로 취임사를 통하여 천명하였다. 국가주의와 국민주권에 기초한 중앙집권의 폐해를 시정할 수 있는 대안으로 새로운 사회적 가치를 제시한 것이다.

표 2-2. 사회적 가치와 자치분권 헌법

<table>
<tr><th rowspan="2">사회적 가치</th><th colspan="3">자치분권 헌법의 요소</th></tr>
<tr><th>실천이념</th><th colspan="2">요소</th></tr>
<tr><td rowspan="3">기회의 평등
절차의 공정
결과의 정의</td><td>국가주의에서
지방주의로</td><td>- 국민주권과 주민주권의 조화
- 지방분권국가선언
- 지방정부 용어의 사용
- 국가는 중앙정부와 지방정부로 구성
- 주민자치와 주민직접참정제도
- 보충성의 원칙</td><td rowspan="3">연방제
수준의
자치분권</td></tr>
<tr><td>효율성 중시에서
민주성 중시로</td><td>- 주민주권 및 자치권의 기본권화, 자치입법권
- 지방정부의 헌법재판소에의 제소권</td></tr>
<tr><td>통치에서
협치로</td><td>- 제2국무회의 도입
- 재정조정제도(수직적, 수평적)
- 헌법개정안 국민발의권</td></tr>
</table>

출처: 김순은(2018c), 「서울의회」, p. 11.

이를 실현하기 헌법적 사항으로 〈표 2-2〉에서 보는 바와 같은 헌법개정안을 제시하였다. 헌법안은 크게 국가주의에서 지방주의로, 효율성 중시에서 민주성 중시로, 통치에서 협치로 전환하는 내용으로 구성되어 있다. 이의 최종 목표는 연방제 수준의 자치분권으로 이어지는 것이었다(김순은, 2017a).

3) 자치분권의 철학적 기초

(1) 지방주의

지방주의와 관련된 논의는 미국의 연방헌법 제정과정에서 확인할 수 있다. 미국 독립 이후 강력한 연방정부의 필요성을 주장한 해밀턴

(A. Hamilton), 제이(J. Jay), 매디슨(J. Madison)에 대하여 제퍼슨(T. Jefferson)은 지방주의의 중요성을 역설하였다.

제퍼슨의 지방주의는 정부책임의 극대화라는 목표를 달성하기 위해서는 주민들로부터 지리적, 심리적으로 떨어진 연방정부보다는 주정부와 지방정부의 권한이 강해야 한다는 주장을 펴며 강력한 연방정부의 출현에 신중한 자세를 견지하였다. 지방주의는 정부에 주민의 참여를 극대화하는 사상이기 때문이었다. 같은 맥락에서 강력한 리더십에 기초한 정부계획 최소화와 주민의 참여에 의한 상향식의 정부가 오히려 정부의 책임을 제고할 수 있다고 믿었다. 기능의 분권화도 적극 권장되었다. 분권화된 기능의 목표는 명확하여야 하며 가능한 한 행정의 재량은 최소화할 것을 권고하였다.

21세기 지방주의는 영국에서 제창되었다. 2010년 5월 정권을 잡은 보수당의 캐머런 정부는 노동당 정부가 추진하였던 지방분권과는 차별화된 공동체 및 지역사회의 중요성을 강조하는 지방주의에 기초한 지방분권 정책을 추진하였다. 2011년 의결된 지방주의법(localism act 2011)은 중앙정부의 권한을 지역공동체와 개인에게 이양하는 데에 초점을 두었다. 선출직 시장제와 주민투표의 확대도 같은 맥락에서 추진되었다. 주민 개인이 할 수 있는 권한은 원칙적으로 지역사회나 지방정부의 권능으로 하자는 것이 지방주의의 핵심이다(김순은, 2011).

문재인 정부의 지방주의는 2018년 발의된 헌법개정안에 명백히 나타났다. 헌법에서 지방분권 국가임을 선언하고 그동안 기피하였던 지방정부라는 용어를 통하여 지방이 정치의 주체임을 확인하고 있었다.

종전과는 달리 국가는 이제 중앙정부와 지방정부로 구성된다는 것은 당연한 논리적 귀결이다. 지방정부의 사무는 주민주권과 보충성의 원리에 의하여 보장됨으로써 자치권의 확대를 기대할 수 있게 된다.

(2) 주민주권론

문재인 정부가 낳은 사상적 성과는 주민주권의 개념이다. 자치분권 종합계획이라는 공식적인 문서를 통하여 주민주권이라는 용어를 도입하였다.

상기에서 논의한 국민주권과는 달리 주민주권이 논의된 데에는 크게 3가지 배경이 작용하였다. 첫째, 지속가능한 발전에 대한 필요성이다. 기존의 발전모형이 환경파괴, 격차사회로 이어지면서 경제발전과 더불어 사회발전 및 환경보존이라는 복합적 목표는 기존의 개념을 통해 달성하기에 한계를 노정하였다. 환경보존과 사회발전은 지역주민의 참여가 전제되어야 달성하기 가능한 목표가 되었다. 문재인 정부 내에는 환경보존의 관점에서 대체에너지 논의가 지속적으로 진행되었다. 문재인 정부 말에는 ESG(Environment, Social, Governance)에 대한 새로운 인식이 강조되었다.

둘째, 주민참여와 거버넌스의 발전이다. 간접 민주주의에 대한 실망과 주민참여의 발전적 확대는 이를 포용할 새로운 개념을 요구하게 되었다. 주민들은 단순히 행정의 객체를 넘어 파트너 또는 주체의 지위로 발전하게 되었다. 영국에서는 공동체와 개인이 행정의 주체가 되는 지방주의가 대두된 바 있다.

셋째, 지방분권에 대한 실망이다. 우리나라의 지방자치와 지방분권은 주로 그들만의 자치와 분권으로 머물렀다. 선출직 공무원의 영역에 머문 지방분권과 자치는 정권교체를 통해 우리나라의 민주주의 발전에 기여하였지만 민주주의의 질적 발전으론 이어지지 못했다. 주민참여를 바탕으로 한 지역발전과 복지와는 아직도 상당한 거리감이 있다.

문재인 정부가 논의한 주민주권 사상은 주민자치에 기초한 풀뿌리 민주주의를 발전시켜 민주주의의 질적인 제고로 이어지도록 하는 것이었다. 그뿐만 아니라 주민주권과 보충성의 원리는 지방정부의 권능을 높여 지방정부의 자치입법권의 확대로 발전될 것이다(김순은, 2012, 2017b). 주민주권론은 문재인 정부의 경우 철학적 기초이면서 자치분권의 주요한 이론으로 작용하였다. 상세한 논의는 다음 절에서 논의하였다.

Ⅲ 문재인 정부의 자치분권 이론

1. 주민주권론

"모든 권력이 국민으로부터 나온다"는 원리가 국민주권이라면 주민주권은 "자치권은 주민으로 나온다"는 원리이다. 전자가 전통적으로 중앙집권체제를 뒷받침하는 사상이었다면 후자는 자치분권을 옹호하는 이론이다. 주민주권론에 따르면 지방자치는 주민의, 주민에 의한, 주민을 위한 지역의 정치를 의미한다. 주민주권론은 보충성의 원리, 주민자치의 원리, 자치입법권의 원리로 파생된다.

주민에게 가까운 정부가 할 수 있는 사무와 기능은 해당 정부가 우선적으로 수행하여야 한다는 것은 효율성의 측면에서뿐만 아니라 주권론에서 볼 때 매우 타당하다. 주민의 의사가 존중되어야 하기 때문이다.

지방자치는 중앙-지방 관계에 초점을 둔 단체자치로부터 지방정부-주민과의 관계에 초점을 둔 주민자치로 발전되어야 한다는 주민자치의 원리도 주민주권론의 핵심적 사항이다. 주권자인 주민들이 자율적으로 참여하고 숙의하며 결정에 이르는 과정은 민주주의 학습이며 동시에 정책학습이다. 이러한 풀뿌리 민주주의가 튼튼한 토대가 되어 거대한 공화국(Large Republic)과 같은 민주적 정부로 발전한다. 자치분권은 민주주의의 학습의 장인 셈이다.

지방자치가 발전하면서 지방정부에 주어지는 자치입법권의 범위도 점진적으로 확대되고 있는 것도 주민주권론에 기인한다. 미국의 주정부는 주헌법에서 지방정부의 자치권의 범위를 규정한다. 초기에는 딜런의 원리(Dillon's principle)에 따라 구체적으로 위임된 범위 내에서 자치입법권을 허용하였다. 점진적으로 쿨리의 원리(Cooley's rule)에 따라 상위법에서 구체적으로 금지하지 않는 한 광범위하게 인정하는 방향으로 발전하고 있다. 19세기 말 미국에서 발전한 헌장도시는 쿨리의 원리에 기초한 도시제도이다.

일본에서도 1960년대 혁신자치체를 중심으로 인권과 환경의 분야 등에서 중앙정부의 법령보다 강하고 폭넓게 지방정부의 자치입법권을 인정하였다. 이를 초과·강화조례라고 한다. 행정절차조례와 행정정보조례 등은 중앙정부의 법률보다 앞서서 제정되었다.

영국의 지방정부에는 최근 상위법 위반 무효의 원칙(Ultra vires)에 갈음하여 지방정부 기능의 일반권한(general power of competence)에 따라 자치입법권의 범위가 확대되었다. 영국의 캐머런 정부는 지방주의(localism)의 실현을 위하여 기능의 일반권한을 제시하였다. 지역이 자율적으로 지역발전을 모색하기 위한 수단으로 자치권의 확대를 인정하고 이를 뒷받침하기 위한 이론이 기능의 일반권한이다. 종전에는 지방정부의 조례가 법령의 범위를 벗어나면 엄격하게 무효로 처리되었다(Ultra vires). 캐머런 정부는 전향적으로 상위법에서 구체적으로 금지하고 있지 않는 한 가능하면 자치권의 확대를 인정해 주어야 한다는 해석을 강조하였다(김순은, 2012).

2. 거버넌스론

지방자치법은 단순히 지방정부의 운영체제를 규정하는 일반법이라기보다는 국가의 운영체제와 관련된 거버넌스의 중요한 부분을 결정하는 지방정부의 헌법과 같은 제도이다. 따라서 거버넌스의 기본적 이론들이 반영된다. 2020년 12월 9일 전부·개정된 지방자치법에도 이러한 거버넌스의 주요한 이론적 주장들이 적절히 반영되어 있다. 민주성과 효율성의 제고를 위한 규정뿐만 아니라 지방정부의 위상을 제고하기 위한 내용들이 포함되었다.

민주성의 제고를 위하여 주민의 참정범위를 확대하고 지방의회의 위상을 정상화하였다. 직접참정제도의 경우 주민의 연령을 19세에서

18세로 하향하고 참여의 대상을 확대하였다. 주민조례발안제도를 도입함과 동시에 기타의 주민직접참정제도의 요건을 대폭적으로 완화함으로써 제도의 실용성을 제고하였다. 주민조례발안의 제도적 근거는 지방자치법이며 구체적인 내용과 절차는 별도의 주민조례발안법에서 규정하고 있는 이 법은 정부발의로 국회에서 입법화되었다. 주민투표의 실용성을 높이기 위하여 개표요건은 폐지하였으며 완결요건을 완화하였다. 2022년 주민투표법의 개정으로 향후 주민투표가 크게 활성화될 전망이다.

지방의회 사무기구의 인사권이 단체장에게 귀속되는 비정상적인 의회의 인사운영이 30여 년 동안 이루어져 왔다. 앞에서 논의하였듯이 지방자치 재개의 시급성이 낳은 부작용이었다. 당시 내무부의 제안이 대부분 수용된 결과이다. 이에 지방의회는 1991년 이후 지속적으로 인사권 독립을 위한 지방자치법의 개정을 요구하였다. 2020년 12월에 이루어진 지방자치법 전부개정으로 인사권이 독립되어 지방의회의 민주성과 자율성 및 창의성이 크게 제고될 것이다. 지방의회가 오랫동안 주장해 온 정책지원전문인력 제도와 함께 지방의회의 활성화에 크게 기여할 것이다.

동시에 주민에 대한 책임성을 강화한 것도 민주성의 제고에 기여할 것이다. 자치단체의 정보공개 의무 및 방법 등에 대한 일반 규정의 신설, 지방의회 의정활동의 종합적 공개와 주민 접근성 제고, 지방의원 겸직금지의 대상에 출자 및 출연기관을 포함하고 겸직신고 내역의 공개, 지방의원의 이해충돌 기관과의 영리목적의 거래 금지, 윤리특별위원회의 설치 의무화, 민간위원으로 윤리심사자문위원회의 구성 및 지방의원의 징계 등의 심사 이전에 윤리심사자문위원회의 의견청취 의무화, 자치단체 자문기관의 설치와 운영의 투명성 제고를 위해 매년 지방의회에 보고를 의무화하였다. 주민의 권리제한 또는 의무부과에 대한 사항은 자치단체 자문기관의 자문이 금지되었다.

효율성의 제고를 위하여 기관구성의 다양화, 특례시제, 특별지방자치단체제도, 단체장 인수위원회 등의 제도를 도입하였다. 우리나라는 지방자치의 실시 이후 기관통합형과 기관분리형의 제도를 각각 도입하여 활용하였으나 동시에 운영해 본 사례는 없다. 지역의 급격한 인구감소, 대도시의 인구집중 등 변화하는 사회경제적 환경에 적합한 자치단체의 형태를 지역주민에게 맡기는 것도 효율성 제고의 관점에서 매우 유익하다. 인구밀집의 대도시에 각종 특례를 부여하여 행정의 대응성과 효율성을 높이는 것은 대도시 행정의 일반적 현상이다. 자치단체 간 협력을 위한 제도로써 특별지방자치단체의 도입은 시·도 및 시·군·구의 통합운영에 선택지를 확대하였다. 주민의 불편을 야기하였던 경계조정의 성과도 실효성이 클 것이다. 자치단체 간 행정협의회 구성절차의 간소화로 협의회의 활성화가 이루어질 것이다.

지방자치단체가 지방정부로 위상이 제고된 점도 거버넌스의 관점에서 의의가 크다. 국가의 우월적 지위에 기초한 국가의 지도·감독이 수정되었다. 종전에는 지방자치법 제9장의 장명이 "국가의 지도와 감독"이었으나 새로운 지방자치법은 "국가와 지방자치단체의 관계"로 수정하였다. 지방자치법 제9장의 명칭이 수정된 점은 국가-지방의 관계를 해석하는 데 상징적인 의미를 지니고 있다.

국가-지방의 관계가 상하·수직의 관계에서 수평·대등의 관계로 개선되었다고 할 수 있다. 구체적으로 주민에 대한 균형적인 서비스 제공과 지역 간 균형발전을 위한 국가-지방 간 협력의무를 명문화하였다. 자치단체가 지방정부로서 국정의 동반자가 된 것이다. 국가-지방 간의 상호협력을 구체화하기 위한 소통의 장으로서 중앙-지방협력회의 제도가 도입되었다. 이를 위한 구체적인 중앙-지방협력회의법이 정부발의로 국회에서 입법화되었고 2022년 1월 13일 역사적인 제1회 중앙-지방협력회의가 개최되었다. 윤석열 정부에 들어서도 중앙-지방협력회의는 이어져 2022년 10월 7일 제2차, 2023년 2월 7일 제3차 중앙-지방협력회의가 개최되었다. 중앙-지방협력회의는 지속적으로 발전되어 제2국무회의에 버금가는 국정 거버넌스로 발전되어야 한다.

제3장

문재인 정부의 자치분권 종합계획

3장
문재인 정부의 자치분권 종합계획

Ⅰ 자치분권 종합계획

1. 비전과 추진전략

문재인 정부의 자치분권 철학과 사상은 종합계획을 통하여 구체적으로 구현되었다. 2018년 3월 20일 구성된 자치분권위원회는 6개월에 걸쳐 자치분권 종합계획을 마련하였다. 2018년 9·11 발표된 자치분권 종합계획은 자치분권의 비전과 추진전략 및 추진과제를 제시하고 있다. 주민주권과 지방주의가 주민들의 실제 생활과 밀접하게 관련되어 있다는 인식을 토대로 비전도 이에 기초하고 있다.

자치분권 종합계획은 "우리 삶을 바꾸는 자치분권"이라는 비전을 가지고 "주민과 함께하는 정부, 다양성이 꽃피는 지역, 새로움이 넘치는 사회"라는 목표를 제시하였다. 이를 성취하기 위하여 ① 주민주권 구현, ② 중앙권한의 획기적 지방이양, ③ 재정분권의 강력한 추진, ④ 중앙-지방 및 자치단체 간의 협력 강화, ⑤ 자치단체의 자율성과 책임성 확대, ⑥ 지방행정체제 개편과 지방선거제도 개선 등 6대 전략과 33개 추진과제를 제시하였다(자치분권위원회, 2018). 6대 전략과 33개 추진과제는 아래 〈표 3-1〉과 같다.

표 3-1. 자치분권 종합계획 추진과제

과제명
(1-1) 주민 참여권 보장
(1-2) 숙의 기반의 주민참여 방식 도입
(1-3) 주민자치회의 대표성 제고 및 활성화
(1-4) 조례 제·개정의 주민직접발안제도 도입
(1-5) 주민소환 및 주민감사청구 요건의 합리적 완화
(1-6) 주민투표 청구대상 확대
(1-7) 주민참여예산제도 확대
(2-1) 중앙-자치단체 간 사무 재배분
(2-2) 중앙권한의 기능 중심 포괄 이양
(2-3) 자치분권 법령 사전협의제 도입
(2-4) 특별지방행정기관 정비
(2-5) 대도시 특례 확대
(2-6) 광역단위 자치경찰제 도입
(2-7) 교육자치 강화 및 지방자치와의 연계·협력 활성화
(3-1) 국세·지방세 구조 개선
(3-2) 지방세입 확충 기반 강화
(3-3) 고향사랑 기부제 도입
(3-4) 국고보조사업 개편
(3-5) 지방교부세 형평 기능 강화
(3-6) 지역상생발전기금 확대 및 합리적 개편
(4-1) 중앙-지방 협력기구 설치·운영
(4-2) 자치단체 간 협력 활성화 지원
(4-3) 제주·세종형 자치분권 모델 구현
(5-1) 지방의회 인사권 독립 및 의정활동정보 공개
(5-2) 자치조직권 강화 및 책임성 확보
(5-3) 지방인사제도 자율성 및 투명성 확보

(5-4) 지방공무원 전문성 강화
(5-5) 지방재정 운영의 자율성 제고
(5-6) 지방재정정보 공개 및 접근성 확대
(5-7) 자치분권형 평가체계 구축
(5-8) 자치단체 형태 다양화
(6-1) 지방행정체제 개편방안 모색
(6-2) 지방선거제도 개선방안 모색

2. 추진과제와 일정

자치분권 종합계획이 제시한 추진과제를 문재인 정부의 철학에 기초하여 분류하면 주민주권론에 기초한 전략이 2개, 지방주의에 기초한 전략이 3개, 양자의 통합과제가 1개이다. 전자에는 주민주권의 구현, 자치단체의 자율성과 책임성 확대가 속하며 후자에는 중앙권한의 획기적인 지방이양, 재정분권의 강력한 추진, 지방행정체제 개편과 지방선거제도 개선이 속한다. 중앙-지방 및 자치단체 간의 협력강화 과제는 양자의 통합적 성격이 강하다.

1) 주민주권의 구현

자치분권 종합계획의 가장 두드러진 특징은 주민주권을 공식화하였다는 점이다. 헌법과 행정법은 주로 국민주권을 논의하였지만 주민주권에 대해서는 매우 부정적이었다. 그럼에도 문재인 정부가 주민주권이라는 개념을 도입한 것은 주민자치에 기초한 풀뿌리 민주주의의 성숙을 통한 민주주의의 질적인 발전을 의도하고 있음을 단적으로 보여주고 있다. 이를 구체적으로 실천하기 위하여 주민참여권,

숙의 기반의 주민참여방식 도입, 주민자치회의 활성화 및 주민직접참정제도의 개선을 구체적인 과제로 제시하고 있다(자치분권위원회, 2018).

단체자치를 넘어 우리나라 지방자치가 지닌 미완의 과제인 주민자치 원리에 기초하여 민주주의의 질적 발전을 이루고자 한 것이다. 지방자치법에 주민참여권의 보장을 제도화하고 지방정부 정책과정에 실질적인 주민참여를 보장할 것을 제시하였다. 실질적으로 공공시설이나 공유재산의 매각 시에는 주민들의 숙의를 거치도록 하는 숙의기반 민주주의의 방식을 적극 권장하고 있다.

현재 전국에서 실시되고 있는 주민자치조직을 주민자치회로 발전시키고 주민자치회의 실질화·활성화를 지원하였다. 주민자치회의 대표성을 높이고 주민자치회의 사무 및 기능을 확대하고 지역의 행정혁신이 주민참여 중심으로 이루어져 풀뿌리 민주주의 가치를 구현할 목표를 가졌다(자치분권위원회, 2018).

그동안 우리나라에서도 간접 주민발안, 주민투표, 주민소환, 주민감사청구, 주민소송, 주민참여예산 등 다양한 주민의 직접참정제도를 도입하였다. 그러나 제도의 요건이 엄격하여 실질적으로 활용된 사례는 매우 적었다. 직접참정제도의 실질화를 위하여 간접주민발안은 주민의 직접발안제도로 개선하고 그 외의 제도적 요건도 대폭 완화하여 주민들이 실질적으로 활용할 수 있는 토대를 마련해 나갈 계획이었다(자치분권위원회, 2018). 2022년 10월 기준으로 주민소환법안을 제외하고 대부분 입법화에 성공하였다.

2) 자치단체의 자율성과 책임성 확대

우리나라 지방자치의 문제점으로 지적되어 온 것은 지방의 자율권 부족과 책임성의 부재였다. 재량과 자율성의 부재는 논리적으로 책임성의 부재로 이어진다. 지방의 도덕적 해이도 자율성의 부재로부터 파생한다는 논리이다.

상기에서 논의한 바와 같이 주민주권과 지방주의는 직·간접적으로 지방의 권한을 제고하고 이에 따른 책임도 요구한다. 미국의 헌장도시들은 물론이고 지방자치의 선진국은 지방정부에 높은 수준의 재량권을 부여하고 지방정부는 그에 상응하는 책임도 부담하는 것이 일반적이다. 과제자주권이야말로 권한과 책임의 일치가 요구되는 영역이다.

지방정부의 자율성은 지방정부의 운영과 관련된 조직과 인사 및 재정과 관련되어 있다. 외국 지방정부의 조직과 관련하여 기관구성의 형태나 고위직 부서의 수 등은 헌장 또는 주민투표로 결정한다. 지방자치법에서 선택지를 부여하고 이 중에서 주민투표로 결정하기도 한다. 미국의 헌장도시가 전자에 속하고 영국이 후자에 속한다. 자치분권 종합계획은 자치조직권과 자치단체 형태의 다양화를 제안하고 지방의회의 조직권으로서 사무기구의 인사권 독립을 강력히 권고하고 있었다.

더불어 지방인사제도 자율성 및 투명성, 지방공무원의 전문성 강화, 지방재정 운영의 자율성과 공개 및 접근성 확대를 추진할 계획이었다. 끝으로 자치분권형 평가체계의 구축도 책임성의 확보 차원에서 추진되었다.

3) 중앙-지방 및 자치단체 간의 협력강화

지방정부의 권한이 강화되고 지위가 높아지면 중앙-지방은 물론이고 지방정부 간의 협력과 조정이 국정운영에 매우 중요하다. 종전처럼 중앙정부의 지시와 지도 및 감독만으로 지방정부를 통제하는 것은 비효율적일 뿐만 아니라 가능하지 않다. 국정목표를 위하여 중앙-지방이 상호소통하고 협력하는 기제가 요구된다. 영국의 노동당 정부가 시도한 "중앙-지방 간 협약"이나 일본의 '중앙-지방의 협의의 장'과 같은 기제가 필요하다. 우리나라에서도 대통령이 참석하는 중앙-지방 협력기구도 요구되었다. 문재인 대통령은 선거공약으로 제2국무회의의 설치를 제시한 바 있다.

4) 중앙권한의 획기적인 지방이양

지방주의의 관점에서 추진하여야 할 과제로서 중앙권한의 획기적인 지방이양과 재정분권 그리고 중·장기과제로서 지방행정체제 개편과 지방선거제도의 개선이 있다. 1999년 김대중 정부 이후 중앙행정권한의 지방이양이 추진되었지만 그 성과가 만족스럽지 못했다(김홍환·정순관, 2018). 단위사무별 심사와 국회의 일괄이양법 제정의 거부가 주요한 원인이었다. 지방에서의 체감도가 높은 교육자치와 자치경찰은 논의는 되었지만 가시적인 성과를 낳지는 못했다.

자치분권 종합계획도 중앙-자치단체 간 사무의 재배분, 특별지방행정기관의 정비, 대도시 특례확대, 교육자치 강화 및 지방자치와의 연계·협력을 활성화하는 내용을 담고 있다는 점에서는 종전과 유사하다. 그럼에도 불구하고 자치분권 종합계획은 몇 가지 측면에서 두드러진 차별성을 지녔다.

첫째, 중앙행정권한의 지방이양을 단위사무별의 심사에서 기능별 심사로 전환한 점이었다. 중앙행정권한을 단위사무별로 이양하다 보니 절차는 복잡하고 시간이 많이 소요되는 데 비하여 성과는 크지 않았다. 뿐만 아니라 단위사무별로 이양하는 데 소요되는 비용을 산출하는 데에도 어려움이 컸다. 단위사무별 이양에 따른 재정이 지원되지 않아 사무는 지방으로 이양되는 반면 지방의 재정적 부담만 커지는 부작용도 발생하였다. 문재인 정부는 단위사무별 이양을 지양하고 기능별로 이양함으로써 논의의 과정과 성과에 보다 효과성을 발휘하였다.

이와 더불어 그간 논의되었던 자치경찰을 설치하는 것도 매우 중요한 자치분권의 과제였다. 김대중 정부는 광역단위의 자치경찰, 노무현 정부와 박근혜 정부는 기초단위의 자치경찰을 각각 검토하였다. 문재인 정부는 광역단위의 자치경찰을 설치하는 데 정책적 비중을 두고 있었다. 마침 검·경 수사권 개혁이 자치경찰과 연계되어 자치경찰의 창설을 위한 정치적 환경도 우호적인 편이었다.

둘째, 1999년 설치된 지방이양추진위원회는 단위사무의 지방이양을 추진하는 주체였다. 지방이양추진위원회는 2000년부터 2008년까지, 그 이후 지방분권촉진위원회가 2012년까지 조사하고 심의·의결하여 지방으로 이양하기로 확정한 사무의 수가 3,101개였다. 그런데 이 중에서 30%에 달하는 사무가 미완의 과제로 남았다.

문재인 정부는 이 중에서 518개에 달하는 사무를 일괄이양법으로 이양할 계획을 추진 중에 있었다. 국회에서 지방일괄이양법의 심의에 여·야가 합의해 국회운영위원회가 담당 상임위원회로 지정되었다. 특히 중앙행정권한을 지방으로 이양할 때 소요되는 인력과 재원을 심의·평가하는 지방이양비용평가위원회를 설치하는 내용도 포함되었다.

5) 재정분권의 강력한 추진

지방자치의 재개 이후 지방정부가 꾸준히 주장해 온 내용 중의 하나가 지방재정을 건전하게 하기 위한 재정분권이었다. 단순하게 과세자주권의 확대를 의미하는 것이 아니라 국세와 지방세의 구조조정, 지방교부세의 확대, 지방정부의 재정조정제도 개편 등이 통합적으로 논의되어 왔다. 이제까지 수많은 논의와 대안들이 제시되었으나 이명박 정부가 지방소비세를 도입한 것 외에는 커다란 성과를 보이지 못했다. 이명박 정부는 국세 축소에 따른 교부세 축소에 대한 보상, 박근혜 정부는 취득세 감면에 대한 보상차원의 지방소비세 도입 및 확대를 실시하였다. 이명박 정부는 5%p, 박근혜 정부는 6%p의 부가가치세를 각각 지방소비세로 편입하였다.

문재인 정부는 국세와 지방세의 비율을 8:2에서 7:3을 거쳐 6:4로 개선하는 목표하에 일차적으로 7:3의 구조를 달성하는 계획안을 발표하였다. 이와 더불어 지방교부세의 형평기능을 강화하고 국고보조사업을 합리적으로 조정할 계획이다. 또한, 소멸의 위험에 처할 지방의 재정을 보완하기 위하여 고향사랑 기부금제도를 제안하였다.

6) 지방행정체제 개편과 지방선거제도 개선

저출생·고령화가 현 상태로 지속되면 향후 10년 안에 인구의 수가 2만에도 미달하는 군의 수가 10여 개에 달할 것으로 전망되고 있다(김순은, 2017b). 지방정부의 지위를 유지할 수 없는 군이 발생한다는 것을 의미한다. 광역시 내에서도 자치구의 인구 편차가 지나치게 커서 자치구의 운영예산에 형평성이 저해되기도 한다. 향후 도너츠형 광역시의 경우 지역균형발전 차원에서 인접하는 도와의 협력 및 교류 강화가 요구되기도 한다. 이러한 제반 상황은 중·장기적으로 지방행정체제의 개편으로 이어질 가능성을 보인다.

주민의 대표성을 보장하는 선거제도, 지방자치와 교육자치의 원활한 교류·협력을 위한 시·도 교육감의 선거 등이 지방선거와 관련된 논란거리이다. 이와 같은 과제는 중·장기적으로 검토하여 대안을 제시할 계획이었다.

II 자치분권 종합계획의 의의: 자치분권의 르네상스

문재인 정부의 자치분권 종합계획은 노무현 정부 이후 자치분권의 르네상스를 예고하고 있었다. 문재인 대통령은 대통령 선거를 통하여 "연방제 수준에 버금가는 자치분권"을 공약으로 제시하였다. 연방제의 실체적 내용은 매우 다양하지만 일반적으로 자치분권의 상징적인 용어로 사용되고 있으며 대표적으로 미국 등이 사례로 적시되고 있다.

우리나라에서 사용되는 "연방제 수준의 자치분권"은 혁신적인 수준의 자치분권을 상징하는 용어로 해석하는 것이 타당할 것이다. 비록 단방제 국가라도 혁신적인 수준의 자치분권이 이루어지면 연방제의 국가보다 분권적인 체제를 구축할 수 있다. 현재의 영국이 대표적인 사례이다(김순은, 2018b). 이러한 관점에서 2018년 9·11 자치분권 종합계획의 의의를 논의하면 아래와 같다.

첫째, 자치분권 종합계획의 가장 큰 의의는 자치분권의 르네상스를 개막하기 위한 철학적 기초와 법적 논리로서 주민주권을 도입하였다는 점이다. 그동안 우리나라는 국민주권의 틀하에서 국정이 운영되었다. 현재 우리나라의 국민주권은 프랑스의 사례와 매우 유사하다. 국민이라는 용어는 "국가에 순종하는 사람"이라는 함의가 내재되어 있었다. 국민과 주권이라는 용어가 결합한 국민주권은 우리나라의 중앙집권체제를 뒷받침하였다. 국민주권의 사상하에서 단체자치가 우리의 전통이 되었다. "국민학교"가 초등학교로 개명한 것과 같은 취지로 우리도 주민주권 개념을 수용하여야 한다. 단체자치의 틀하에서 그들만의 자치가 되어서는 안 된다. 향후의 지방자치는 명실공히 주민의 참여에 기초한 주민자치가 주를 이루어야 한다.

자치분권 종합계획이 지니는 두 번째의 의의는 지방의 지위에서 찾을 수 있다. 중앙집권 체제에서 우리나라의 중앙-지방은 상하·복종 또는 지도·감독의 관계였다. 단체자치의 전통하에서 지방은 상위의 법령 안에서만 자치법규를 제정할 수 있었다. 다수의 특별법에 따라 지방의 지위와 권능은 크게 제약받았다. 중앙-지방의 관계를 정부

간 관계라고 정의할 수 없었다. 자치분권 종합계획은 지방정부라는 용어를 직접 쓰고 있지는 않지만 2018년 상반기에 시도된 헌법개정안의 취지에 따라 지방 역시 정부라는 인식 위에 중앙-지방의 관계를 구축할 계획이었다.

중앙-지방은 국정의 동반자로서 파트너십에 기초하여 국가의 목표를 추구한다. 종전에는 중앙정부가 지방자치와 분권에 저해되는 법령의 제정을 일방적으로 추진하였다. 향후에는 정부가 추진하는 법령 중 자치분권에 영향을 미치는 법령은 반드시 행정안전부 및 자치분권위원회와 자치분권사전협의를 거쳐야 한다.

재정분권의 방향성과 내용에서 자치분권의 세 번째 의의를 찾을 수 있다. 재산세는 그 동안 모든 국가에서 지방정부의 주요한 세원이었다. 19세기 이후 지방정부가 제공하는 서비스 대부분이 재산과 관련되어 있었기 때문이다. 그러나 지방정부의 역할과 기능은 크게 변화하였다. 우리나라의 경우 지방정부가 주로 담당하는 서비스가 사회 서비스로서 일반 주민과 관련되어 있다. 따라서 지방세제도도 이와 관련하여 변화되어야 한다. 현재 8:2로 되어 있는 국세와 지방세의 비율을 7:3 나아가 6:4로 개선할 때 주요한 세원은 지방소득세와 지방소비세가 될 전망이 높다. 이렇게 될 경우 지방소득세와 지방소비세는 지방세입의 기간세가 된다는 의의를 지닌다. 지방정부가 제공하는 주민별 서비스와도 부합하는 세제가 될 것이다. 재산세 기초의 지방세 체계를 지방소비세와 지방소득세로 전환한다는 의의를 지닌다.

자치분권의 네 번째 의의는 자치분권 종합계획이 자치분권의 체감도와 집행력에 초점을 두고 있다는 점이다. 자치분권 종합계획이 제시하는 6개 전략과 33과제는 앞의 자치분권 추진주체들이 제시한 과제들과 크게 다르지 않다. 각 과제들이 실행되는 과정에 과제의 행정적 전문성과 정치적 특성 등으로 인하여 적지 않은 어려움이 산재해 있다. 1999년 이후 정부마다 자치분권을 추진하였음에도 성과가 크지 않은 이유이다(김순은, 2018a). 문재인 정부는 자치분권의 추진전략을 구축함에 있어서 주민들의 체감도를 우선적으로 고려하고 있었다. 자치경찰의 실시와 재정분권의 확대를 주민의 체감도를 높일 수 있는 과제로 인식하고 이에 대하여 정책적 비중을 두고 있었다. 문재인 정부 초기에 이러한 과제들이 실현된다면 자치분권의 분위기를 제고하는 데 크게 이바지할 것이다.

문재인 정부는 앞선 정부에 비하여 자치분권에 대한 정책적 관심은 물론 집행력에서도 커다란 차별성을 보일 것으로 예상되었는데, 이는 2018년 당시 지방일괄이양법을 수용하기로 한 여·야 합의를 통해서도 확인할 수 있다.

문재인 정부는 그동안 우리가 다소 등한시하였던 기회의 평등, 과정의 공정, 결과의 정의를 구현이라는 사회적 가치를 추구한다. 자치분권은 그동안 수도권과 비수도권, 도시와 농촌 간의 불평등, 불공정 등을 해소할 수 있는 지방정책 중에서 가장 핵심적인 사항이다. 1999년 이후 김대중 정부, 노무현 정부, 이명박 정부, 박근혜 정부가 다양한 방식과 전략으로 자치분권을 추진하였으나 주민들이 체감할 수 있는 수준에는 이르지 못했다. 이러한 상황에서 출범한 문재인 정부는 주민주권의 구현, 지방의 지위 제고, 체감도 있는 정책집행 등의 특징을 지닌 자치분권 종합계획을 발표하였다. 문재인 정부는 임기 5년간 종합계획대로 자치분권이 이루어지도록 최선을 다했다. 모든 국민과 합심하여 국민의 합의와 노력 위에 자치분권의 르네상스를 열었다.

제4장

문재인 정부의 자치분권 추진성과와 자치분권 2.0

4장

문재인 정부의 자치분권 추진성과와 자치분권2.0

Ⅰ 문재인 정부의 자치분권 추진이념과 목표[1]

1. 문재인 정부의 자치분권 이념

문재인 정부의 사회적 가치를 단적으로 보여주는 것이 "기회는 평등하게, 과정은 공정하게, 결과는 정의롭게"라는 표현이다. 자유주의가 제시하는 자유, 평등, 박애의 또 다른 이념적 표현이라고 할 수 있다. 이 중에서 자유와 평등이 문재인 정부의 자치분권 이념과 밀접하게 관련되어 있으며 '지방주의, 민주성의 강조와 협치 중시'로 발전되었다. 이와 같은 문재인 정부의 자치분권 이념은 2018년 시도되었던 자치분권형 헌법안에서 확인할 수 있다(김순은, 2018b).

우리나라는 고려시대 이후 중앙집권체제를 정당화하는 국가주의가 지배적인 이념이었다. 현대에 들어서도 국민주권은 중앙집권체제

1 김순은(2021b), "문재인 정부의 자치분권 성과와 과제: 자치분권2.0시대의 제도적 토대"를 수정·보완하였음.

를 뒷받침하는 개념으로 발전하였다. 중앙정부는 곧 국가이며 국민의 주권을 위임받은 유일한 대의적 정부로 해석되어 왔다. 비대한 중앙정부는 중앙집권체제로 이어졌으며 수도권의 비대화라는 부작용을 낳았다. 중앙집권체제는 지역 간 균형발전을 추구하는 데에도 한계로 작용하고 있다. 국가주의하에서 국민의 정부 의존도는 크고 개인의 책임감은 상대적으로 약화되었다. 여타의 선진국가와 비교할 때 공공부문의 영역이 큰 결과로 이어졌다.

국가주의의 틀하에서 국가의 통치는 효율성을 중심으로 이어져 왔다. 효율성의 극대화를 위하여 1961년 지방자치가 폐지되었다. 선거직보다는 임명직 공무원이 중앙정부의 지침과 관리에 순응적이기 때문이다. 상대적으로 민주성이 크게 훼손되었다. 지방자치의 부활이 민주주의 발전에 필수적 요건이라고 故김대중 대통령이 인식한 것도 같은 맥락이었다.

국가주의는 우월적인 지위와 권한을 가진 중앙정부가 지방을 지도하고 감독하는 이념이다. 지방을 국정의 동반자로 보지 않고 지도·감독의 대상으로 간주하였다. 한정된 자원으로 성공적인 산업화를 추구하는 과정에서 불가피한 선택이었다. 지방의 선호와 우선순위를 고려하기보다는 중앙정부의 정책적 우선순위가 존중되고 이를 지방에서 집행하는 통치가 일반적인 현상이었다.

문재인 정부의 자치분권 이념은 기존의 국가주의, 효율성 중시, 통치를 지양하고 이에 갈음하여 지방주의, 민주성 강화, 협치로 전환하는 것이다. 이러한 이념은 2018년 자치분권형 헌법개정안과 2018년 9월에 발표된 '자치분권 종합계획'에 잘 반영되었다(김순은, 2018a,

2018b). 비록 자치분권형 헌법의 개정으로 이어지진 못했으나 2019년 이후 이어진 자치분권 7법의 법제화를 통하여 대부분 구현되었다.

2. 문재인 정부의 자치분권 목표

1) 연방제 수준의 자치분권

문재인 정부는 자치분권의 이념을 실현하는 목표로서 '연방제 수준의 강력한 자치분권'과 국세와 지방세의 비율을 7:3을 넘어 6:4로 개선한다는 내용을 명시하였다. 전자는 자치분권의 일반적 목표였으며 후자는 재정분권의 구체적 목표였다.

연방제 수준의 자치분권은 행정안전부가 2017년 10월에 발표한 지방분권 로드맵에서 언급되었다. 연방제 수준의 자치분권이라는 목표는 몇 가지 중요한 시사점을 던져주었다. 첫째, 기존 어떤 정부보다도 문재인 정부는 전면적이고 획기적인 수준의 자치분권을 추진할 것임을 암시하였다. 이를 연방제에 비교한 은유적 표현으로 해석되었다. 연방제라는 용어는 우리에게 미국과 스위스를 연상시키며 일반적으로 분권체제를 상징하고 있기 때문에 기존과는 다른 수준의 자치분권이 될 것임을 시사하는 것이었다.

연방제라는 용어는 중앙-지방의 관계에서 중앙권한의 지방이양뿐만 아니라 주민참여를 전제로 주민자치의 중요성도 함께 강조한다. 주민이 지방자치의 주인이 되는 주민주권의 개념을 통하여 주민참여의 중요성이 강조될 것임이 두 번째의 시사점이다.

연방제 수준의 자치분권은 연방제 또는 연방제의 원리가 반영된 헌법개정이 지향점이었다. 2018년 추진한 자치분권형 헌법개정의 시도는 문재인 정부의 자치분권 정책적 목표를 단적으로 보여주는 사례였다(김순은, 2018b).

2) 국세와 지방세 비율 7:3

재정분권은 역대 모든 정부에서 강조한 자치분권의 과제였다. 실현 가능성 여부와는 무관하게 모든 자치분권 추진계획서에 빠지지 않았던 메뉴였다.

표 4-1. 자치분권의 범위

<table>
<tr><th colspan="3">자치분권의 종류</th><th>자치분권의 내용</th></tr>
<tr><td colspan="3">권한·사무 분권</td><td>중앙의 정치 및 행정권한과 사무</td></tr>
<tr><td rowspan="3">재정 분권</td><td rowspan="2">세입</td><td>지방세</td><td>과세자주권(세원 및 세율)</td></tr>
<tr><td>이전재원</td><td>교부세, 포괄보조금, 국고보조금</td></tr>
<tr><td colspan="2">세출</td><td>세출자주권</td></tr>
</table>

출처: 김순은(2017a), p. 14.

재정분권을 세분화하면 일반적으로 세입분권과 세출분권으로 대분된다. 〈표 4-1〉에서 보는 바와 같이 세입분권은 세원 및 세율 등 과세자주권 강화, 교부세, 포괄보조금, 국고보조금 등 이전재원이 포함되며, 세출분권은 세출예산의 자율성 제고를 의미한다. 문재인 정부는 세입분권의 제1차적 목표로서 국세와 지방세의 비율을 7:3이라고 명시하면서 관련된 논의를 매우 단순·명료화하였다. 단순한 목표와 논리는 중앙부처를 설득하고 압박하는 데 매우 효과적이었다. 〈표 4-2〉와 같이 국세와 지방세의 비율은 단순·명확하게 국제간 재정상황의 비교를 보여주기 때문이다.

표 4-2. 국가별 국세와 지방세의 비율(단위: '09 기준, %)

	일본	미국	독일	한국	한국('2011)
국세	53.4	47.8	51.5	78.5	78.6
지방세	46.6	52.2	48.5	21.5	21.4

자료: 최병대(2015), p. 5.

II 문재인 정부의 자치분권 추진성과

문재인 정부의 자치분권을 총괄·조정하는 자치분권위원회는 2018년 3월 20일 설치되어 2018년 9월 '자치분권 종합계획'을 수립하여 발표하였다. 6개 전략 33개 과제가 구체적으로 자치분권 과제로 제시되었다. 자치분권위원회는 2022년 7월 6일 임기가 만료될 때까지 대부분의 과제를 실현시켜 새로운 자치분권2.0시대의 제도적 토대를 마련하였다. 이 중에서도 제도개선의 의의 및 영향력 등의 관점에서 입법적, 재정적, 정책적 성과를 논의하면 아래와 같다. 자치분권 7법과 재정분권 및 명령에 의한 자치분권 사전협의제가 여기에 속한다(김순은, 2022; 최근열, 2022).

1. 입법적 성과

1) 전부개정의 지방자치법

(1) 추진배경

문재인 정부가 거둔 자치분권의 가장 큰 성과는 지방자치법 전부개정이다(이승철, 2020; 문병기, 2021; 박기관, 2021; 정정화, 2021). 전부개정이라는 표현에서 알 수 있듯이 향후 지방자치의 지향점과 내용 및 의의 등에서 획기적이었다. 정부가 1988년 지방자치법 전부개정 이후 만 32년 만에 전부개정을 추진한 이유는 우리나라 지방자치의 역사적 배경에서 찾아야 한다(김순은, 2021a).

우리나라 민주화 과정에서 지방자치의 부활이 중요한 이슈로 자리매김하면서 1961년 폐지된 지방자치의 재개가 매우 시급한 정치적 의제였다. 지방자치를 재개하지 않고는 여·야 간 평화로운 정권교체는 어렵다고 판단한 야당 지도자들은 지방자치의 시급성을 강조하였다. 지방자치가 관권선거를 방지할 수 있는 유일한 정치적 수단이었기 때문이었다.

지방자치의 시급성은 지방자치법의 불완전성으로 이어졌다. 정부안을 중심으로 여·야 간 논의가 진행되는 가운데 야당은 선출직 도입을 제외하곤 정부안을 대부분 수용하였다. 완전한 제도를 위한 장기간의 논의보다는 지방자치의 실시가 보다 시급했기 때문이었다. 당시 야당의 정치적 판단은 옳았다. 1991년 지방자치 재개 이후 4차례에 걸쳐 여·야 간의 정권교체가 이루어졌다.

정치적 의의가 매우 큼에도 불구하고 정부안을 중심으로 입법화된

1988년 지방자치법 전부개정은 내용의 불완전성으로 개정의 필요성이 지속적으로 제기되어 왔다. 강시장-약의회 형태의 기관형태를 중심으로 단체장은 임명직으로 유지하고 지방의회를 구성하는 것이 1991년 지방자치 부활의 특징이었다. 임명직 단체장에게 지방의회 사무기구의 인사권까지 부여한 극강의 단체장 체제를 유지하였다. 이 체제는 1995년 단체장이 임명직에서 선출직으로 전환된 점을 제외하곤 큰 틀에서 새롭게 전부개정된 지방자치법이 발효하는 2022년 1월 12일까지 유지되었다.

故김대중 대통령은 지방자치의 중요성은 물론 대통령이 된 이후에는 지방자치가 실질화되기 위해서는 집권적인 구조를 분권적인 체제로 전환하여야 한다고 판단하였다. 김대중 정부는 1999년 1월 지방이양법을 제정하고 최초로 국가사무의 지방이양을 추진하기 위하여 지방분권의 추진 주체로서 지방이양추진위원회를 구성하였다(김순은, 2020a, 2020b, 2021b). 지방이양추진위원회는 이명박 정부하에서 폐지되기까지 국가사무의 지방이양을 담당하였고 우리나라 최초의 지방분권 추진기구였다는 의의를 지니고 있다. 처음으로 김대중 정부는 지방자치와 지방분권의 연계 중요성을 강조하였다는 점에서 의의가 컸다. 20년 후에 '자치분권'이라는 용어가 만들어진 단초가 되었다.

김대중 정부가 도입한 자치분권의 제도는 노무현 정부에 들어서 혁신적 실행기를 맞는다. 노무현 정부는 보다 강력하게 자치분권을 추진하기 위하여 지방분권특별법을 제정하였고 정부혁신지방분권위원회가 자치분권의 추진주체가 되었다. 7개 분야 47개 과제를 포함하는 지방분권 종합계획을 수립하고 차등분권의 상징으로서 제주특별자치도를 설치하였다. 또한 교육자치의 측면에서 교육감과 교육위원의 선거제를 도입하였다. 노무현 정부는 자치분권을 매우 중요한 국정의 과제로 설정하였다(김순은, 2020a).

이후 들어선 이명박 정부와 박근혜 정부는 미온적 조정기와 정책적 시련기로 평가할 수 있다. 이명박 정부는 자치분권과 지방행정체제 개편을 동시에 추진하는 정책적 변화를 시도하였다. 기존의 지방이양추진위원회를 폐지하고 지방분권촉진위원회를 구성하면서 4개 분야 20개 과제를 선정하였다. 뒤이어 구성된 지방행정체제개편위원회는 6개 과제를 선정하였다. 미온적 조정기였던 이명박 정부는 부가가치세의 5%p를 지방소비세로 전환하고 통합 창원시를 만들었다. 전자는 국세의 축소에 따른 교부세 감축에 반발하는 지방에 대한 보상이었다. 비록 재정분권의 관점에서 도입된 지방소비세는 아니었지만 훗날 지방세를 확충하는 지방세원으로 중요한 역할을 하게 된다.[2]

미온적 조정을 받은 자치분권은 박근혜 정부에 들어 정책적 시련기로 접어들었다. 자치분권의 단일 추진주체로서 설치된 지방자치발전위원회가 4개 분야 20개 과제를 선정하여 국무회의의 의결을 거쳐 지방자치 발전계획을 수립한 것 외에는 거의 성과를 거두지 못했다(정정화, 2017).

문재인 정부는 상기의 시대적 배경을 토대로 자치분권의 새로운

---

2 박근혜 정부는 부동산 경기 활성화를 위하여 취득세를 감면하고 이를 지방소비세 6%p 증액으로 지방에 보상하였다. 문재인 정부는 2차례에 걸친 지방소비세의 세율조정을 통하여 재정분권을 실현하게 된다.

비전과 목표를 제시하였다. '우리의 삶은 바꾸는 자치분권'을 비전으로 제시하며 이를 추진하는 정부기구로서 지방자치발전위원회에 갈음하여 자치분권위원회를 설치하였다. 2018년 3월 20일에 출범한 자치분권위원회는 6개 전략 33개 과제를 담은 '자치분권 종합계획'을 2018년 9월 수립하고 대부분의 내용을 자치분권형 헌법과 지방자치법 전부개정 등 자치분권 7법[3]에 반영하였다. 자치분권형 헌법 개정이 무산됨에 따라 지방자치법 전부개정이 더욱 중요시하게 대두되었고 자치분권위원회는 지방자치법의 전부개정에 집중하였다. 2020년 12월 9일 국회에서 의결된 지방자치법의 주요 과정과 내용을 분석하면 아래와 같다.

(2) 추진과정

1991년 지방자치 출범 이후 변화된 지방행정 환경에 발맞추어 자율과 책임이 조화된 지방자치법의 전부개정을 2020년 12월 9일 완료하였다.

정부는 2018년 10월 30일 '제6회 지방자치의 날'을 계기로 「지방자치법 전부개정」의 추진계획을 발표하였다. 전부개정의 지방자치법은 2018년 9월 자치분권위원회가 수립한 자치분권 종합계획의 주요 내용을 반영하는 것이었다. 추진계획에 따라 「지방자치법 전부개정안」이 2019년 3월 29일 국회에 제출되었다. 이때의 정부 발의안은

3 자치분권 7법이란 지방자치법 전부개정안, 지방일괄이양법, 국가자치경찰법, 주민조례발안법, 주민투표법, 중앙-지방협력회의법, 고향사랑기부금법을 의미함.

2020년 5월 20대 국회 막바지까지 여·야 간의 논의가 이어졌으나 특례시와 주민자치회 등의 이슈에 이견이 좁혀지지 않아 합의에 이르지 못했다. 정부발의안은 제20대 국회의 임기만료로 폐기되었다. 전부개정의 지방자치법에 대한 이견은 여·야 간, 광역과 기초지방정부 간에 발생하였다.

21대 국회가 개원되면서 정부는 지방자치법 전부개정에 대한 강력한 의지를 실현하였다. 21대 국회가 개원되자마자 지방자치법 전부개정안을 정부의 최우선 법안으로 다시 제출하였다. 20대 국회에서와 거의 유사한 21대 정부안은 차관회의, 국무회의 등의 절차를 거치지 않고 국회에 제출할 수 있게 되었다. 행정안전부가 지방자치법 전부개정에 대한 보인 민첩한 대응성은 입법성과에도 지대한 영향을 미쳤다.

당시 지방자치법 전부개정에 대한 국민의 여론도 우호적이었다. 자치분권 여론조사('20.10.19~22)에서 국민의 70.2%가 「지방자치법 전부개정안」 조속 통과에 공감하는 것으로 나타났다(자치분권위원회·지방4대협의체 10.29 공동 보도자료). 여론에 부응하여 「지방자치법 전부개정안」이 2020년 12월 3일 국회 행정안전위원회의 의결을 거쳐 2020년 12월 9일 국회 본회의를 통과하였다.

국회 본회의를 통과하기까지 특례시, 주민자치회 등은 여전히 민감한 이슈로 격론의 대상이 되었다. 정부안은 100만 이상 대도시와 50만 이상의 수부도시를 특례시로 지정하는 것이었으나 해당 도의 반대, 50만 이상 대도시의 요구, 기타 시·군·구의 반발로 현재와 같이 대승적인 합의에 이르게 되었다. 초안대로 100만 이상의 대도시에 특례시 명칭을 부여하고 시·군에도 지역균형발전과 특수한 행정 수요에 대응하는 추가 특례가 가능한 것으로 합의하였다. 이 과정에는 지방자치법의 전부개정을 위한 집권 여당의 뛰어난 막후의 협상과 노력이 있었다.

이러한 과정을 거친 지방자치법 전부개정안은 법안 발의에서 입법 통과까지 1년 9개월이 소요되었다. 「전부개정 지방자치법」은 2021년 1월 12일 공포되었으며 2022년 1월 13일 시행되었다.

(3) 주요 내용

2020년 12월 9일 국회의 의결을 마친 전부개정의 지방자치법은 대부분의 내용을 개정하였으며 새롭게 포함된 내용도 있다. 기존 지방자치법의 조문 수를 보면 총 175조에 달했지만 새로운 지방자치법은 211조로 조문 수가 증가하였다. 이들 내용은 크게 5개 분야로 나누어 논의할 수 있다.

① 주민주권의 구현

국민주권을 보완하는 차원의 주민주권이라는 개념이 문재인 정부하에서 공식적으로 도입되었다. 자치권의 기본사상으로 작용한 주민주권은 2012년 우리나라에서 논의되기 시작하여 2018년 9월 발표된 자치분권 종합계획에서 공식적으로 사용하기 시작하였다. '자치권은 주민주권으로부터 나온다'는 주민주권의 구현은 문재인 정부의 '자치분권 종합계획'에서 밝힌 첫 번째 전략이었다. 주민주권의 구현에 가장 많은 정책적 비중을 두었다. 지방자치법의 가장 중요한 특징도 주민주권의 구현에 있었다. 주민주권을 구현할 구체적인 방안들이 법으로 규정되었다.

지방자치법 제1조의 목적에서 "주민의 자치행정 참여" 원리를 명시하였고, 제17조에서 주민생활에 영향을 미치는 정책결정 및 집행과정에 참여할 권리를 신설하였다. 제19조에서 종전의 간접주민발안제도를 직접주민발안제도로 개정하였으며 주민의 권리와 의무에 직접 관련된 사항에 대하여 자치단체장에게 규칙의 제·개정 및 폐지의견을 제출할 권한을 주민에게 부여하였다(제20조). 제21조에서 주민감사청구요건을 대폭 완화하였으며 주민직접발의, 주민감사청구, 주민소송의 청구권 기준연령을 19세에서 18세로 완화하였다. 지방자치의 다양화 측면에서 지방자치단체의 기관구성 다양화를 수용하고 기관구성의 최종결정을 주민투표에 맡겼다. 직접주민발안제도를 구체적으로 실행하기 위하여 주민조례발안법을 제정하였고 기관구성의 다양화를 위한 입법안이 현재 마련 중이다. 윤석열 정부하에서 통과될 전망이다.

② 주민에 대한 책무성 강화

주민주권을 구현하는 간접적 방안은 지방자치단체의 주민에 대한 책무라는 형태로 규정되었다. 지방자치법 제26조에서 자치단체의 정보공개 의무와 방법 등에 대해 일반규정을 신설하였다. 지방의회의 의정활동을 종합적으로 공개하여 주민접근성을 제고하였으며(제26조), 지방의원의 겸직금지 대상에 자치단체 출자·출연기관 등을 추가하였고 겸직신고 내역을 의무적으로 공개하도록 하였다(제43조). 지방의원은 자치단체, 자치단체 출자·출연기관 등 겸직금지 대상과 영리목적의 거래를 금지하였다(제44조). 또한 임의규정으로 되어 있던 윤리특별위원회를 강행규정으로 수정하였고(제65조) 민간으로 구성된 윤리심사자문위원회를 설치하여 지방의원의 징계 등에 대한 심사 이전에 자문위원회의 의견청취를 의무화하였다(제66조).

③ 자치단체의 권한 강화

자치단체의 권한을 강화하기 위하여 조례제정의 범위를 종전 "법령의 범위 안에서"를 "법령의 범위에서"로 개정하고 조례에 위임한 사항을 하위법령으로 제한하는 것을 금지하였다(제28조). 국가와 자치단체 간 적절한 사무배분을 위하여 보충성, 중복배제, 포괄적 배분의 원칙을 도입하고[4] 사무배분 기준에 대한 국가와 자치단체의 준수 의무를 부과하였다(제11조).

또한 자치단체의 사무범위가 확대되어 국제교류 및 협력사무가 추가되었다(제13조). 국제교류·협력에서 자치단체의 역할을 명시하였고 해외사무소의 효율적 설치·운영에 관하여 규정하였다(제193-제195조). 지방자치법과 같은 날짜에 의결된 국가자치경찰법에 따라 자치경찰사무가 시·도의 사무가 되었다.

모든 지방의회가 정원의 1/2 범위 내에서 정책지원 전문인력을 운영할 수 있게 되었으며(제41조), 지방의원 의안발의요건이 재적의원 1/5 이상 또는 의원 10명 이상의 연서에서 조례로 규정하는 이상의

4 당시 지방자치분권특별법에 포함되어 있던 보충성, 중복배제, 포괄적 배분의 원칙을 일반법인 지방자치법에 반영하였음.

의원의 수로 개정되었다(제76조). 지방의회가 본회의 표결을 할 때에는 조례 또는 회의규칙에서 규정하는 표결방식에 의한 기록표결로 가부를 결정하도록 되었다(제74조).

지방의회 사무기구에 대한 인사권 독립도 이루어졌다.[5] 시·도와 시·군·구의회 사무기구에서 근무하는 사무직원에 대한 인사권이 지방의회의장에게 부여되었다(제103조). 지방의회 사무기구에 대한 인사권 독립은 30년간 지속된 지방의회의 숙원사업이었다.

④ 지방행정의 효율성 강화

자치단체 간 경계조정의 효율성을 위한 절차를 새롭게 개정하였다. 기존 법에는 경계변경 시 지방의회의 의견청취 또는 주민투표의 실시 후 대통령령으로 정하도록 하고 있었다. 새 법에서는 자치단체의 경계조정 신청에 따라 경계변경자율협의체의 구성을 통해 자치단체 간 상호 협의토록 하고 상호협의가 원만하게 진행되지 않을 때에는 행·재정분쟁사항을 포함하여 중앙분쟁조정위원회 심의를 통해 조정하도록 하였다(제6조).

매립지, 등록누락지는 소속 자치단체의 결정에 이의가 없는 경우 행정안전부 장관이 결정한다. 이의제기 시 재정부담 사항을 포함하여 중앙분쟁조정위원회 심의를 통해 행정안전부 장관이 결정한다(제5조).

시·도의 경우 20명, 시·군·구의 경우 15명 이내에서 당선된 때부터 임기 시작 후 20일 범위 내로 단체장 인수위원회를 구성하여 운영할

5 정부안에는 시·도의회만의 인사권 독립을 규정하였으나 국회 논의과정에서 시·군·구에도 확대되었음.

수 있다(제105조). 100만 이상의 대도시에 특례시 명칭을 부여할 수 있으며 실질적인 행정수요, 국가균형발전 및 지방소멸위기 등을 고려하여 대통령령으로 정하는 기준과 절차에 따라 행정안전부 장관이 지정하는 시·군·구에 새로운 추가 특례를 부여할 수 있다(제198조).

⑤ 중앙-지방 및 지방정부 간 협력 강화

자치단체가 중앙정부의 국정 동반자로 인식되면서 주민에 대한 균형적인 서비스 제공과 지역 간 균형발전을 위한 중앙정부와 자치단체 간의 협력의무를 규정하였다(제183조). 중앙정부와 자치단체 간의 협력적 거버넌스로서 중앙-지방협력회의를 설치하였는데 이 기구는 자치단체의 국정참여기구이기도 하다(제186조). 지방자치법을 근거로 2021년 7월 '중앙-지방 협력회의의 구성 및 운영에 관한 법률(이하 중앙지방협력회의법)'이 국회에서 통과되었다. 이 법의 제정으로 2022년 1월 13일 제1회 중앙-지방협력회의가 개최되었다. 2022년 1월 13일은 전부개정의 지방자치법, 주민조례발안법, 중앙-지방협력회의법이 동시에 시행되는 날이었다. 이 회의는 윤석열 정부에서도 이어져 2022년 10월 7일 울산광역시에서 제2차, 2023년 2월 10일에는 전북에서 제3차 중앙-지방협력회의가 이어졌다. 이 회의에서는 윤석열 정부의 지방시대 과제들이 폭넓게 논의되었다. 제3차 회의에서는 대통령이 자치분권의 당위성을 강조한 것으로 전해졌다.

또한 시·도 간, 시·군·구 간 협력을 강화하고 광역적 사무의 효율적 처리를 위하여 특별지방자치단체의 설치, 구성, 운영 등에 관한 규정을 마련하였다(제199조-제211조). 현재 특별자치단체를 활용하여 메가시티 설치를 위한 논의가 주요 도시들 간에 활발하게 진행되고 있다(김순은, 2021c). 2022년 4월 19일 부산·울산·경남특별연합이라는 메가시티를 위한 중앙정부-지방정부 간 협약이 체결되는 성과로 이어졌다. 그런데 제8기 통합선거가 끝나고 새로운 지도부가 탄생됨에 따라 정책의 일관성이 소실될 가능성이 커졌다. 특별지방자치단체를 통한 메가시티의 광역연합 구상이 "경제동맹"이라는 새로운 틀의 협력구조로 변경되어 논란이 되었다.

행정협의회의 구성도 간소화되었다. 종전에는 행정협의회의 구성을 위하여 자치단체 간 규약을 지방의회의 의결을 통해 고시하였는데 의결요건을 보고요건으로 간소화하였다(제169조). 지역 간 재정적 불균형을 해소하기 위하여 국가-자치단체, 자치단체 간 재정조정을 하도록 국가와 자치단체의 의무를 명시하였으며(제136조), 자치단체 간의 협력을 활성화하기 위하여 중앙부처장의 지원규정을 신설하였다(제164조).

(3) 전부개정의 의의

지방자치법이 1988년 전부 개정된 이후 32년 만에 이루어진 2020년 지방자치법 전부개정은 정부가 발의하여 입법에 성공한 법률이다. 20대 국회에 발의되어 임기 막바지까지 여·야 간 심층인 논의가 이어졌으나 합의가 이루어지지 못하고 자동적으로 폐기되었다.

정부는 이에 21대 국회를 대비하여 2020년 5월 21대 국회가 개원하자마자 정부의 최우선 법률로 지정하여 신속하게 21대 국회에 발의하는 의지를 보였다는 데에 의의가 있다. 전부개정안은 2020년

12월 9일 역사적으로 국회에서 의결되었다. 전부개정의 의의를 논의하면 다음과 같다.

① 이론적 의의

역사적인 지방자치법 전부개정의 의의는 크게 이론적 관점과 정책적 관점에서 논의할 수 있다. 이론적 관점의 의의는 지방자치법 전부개정이 주민주권론과 국정 거버넌스론에 기초하였다는 점이다(김순은, 2021a, 2021d). 자치분권위원회는 '자치분권 종합계획'에서 주민주권의 개념을 도입하고 주민주권의 구현을 첫 번째 전략으로 채택하였다. 이와 같은 주민주권론은 기존의 국민주권론을 배제하는 이론이 아니라 보완하는 것이었다. 국민주권론에 따르면 중앙정부에 위임된 국민의 주권이 자치단체에 재위임된 것이 자치권이다. 따라서 자치권은 중앙정부가 자치단체에 재위임한 법령의 범위 안에서만 행사되어야 한다는 것이 제도적 보장설이다.

국민주권에 기초한 제도적 보장설이 중앙집권체제에 적합하다면 주민주권론은 지방분권체제에 부합한다. 주민주권에 기초한 주민자치는 주민의, 주민을 위한, 주민에 의한 지역정치를 의미하며 주민이 주인이라는 이론이다. 국민주권론에 기초한 자치원리는 영국의 '상위법 위반무효의 원칙(Ultra vires)'과 미국의 '딜런의 원칙(Dillon's rule)'과 상통한다(김순은, 2021a). 영국의 '상위법 위반무효의 원칙'은 전통적으로 지방정부의 권한은 중앙정부의 법령 안에서 작동되어야 하며 위임된 범위를 초월하는 자치권의 행사는 무효라는 원리이다. 후자인 '딜런의 원칙'은 미국의 지방정부도 주정부의 입법적 산물로서 주헌법과 법령의 위임 안에서 자치권이 보장된다는 원리이다. 미국의 경우 주주권(州主權)에 기초하여 설립된 국가이며 지방정부에 관한 사항은 주헌법에서 규정하고 있다.

주민주권론은 크게 보충성의 원리, 주민자치의 원리, 자치입법권의 원리로 발전된다(김순은, 2021a). 국가와 자치단체가 사무를 배분할 때 주민에게 가까운 정부가 처리할 수 있는 사무는 1차적으로 주민에게 가장 가까운 정부가 처리하여야 한다는 보충성의 원리는 주민주권론의 주장과 동일하다. 주민이 주인이라는 주민주권론에 따르면 주민주권은 1차적으로 주민에게 가까운 지방정부에 위임되기 때문이다.

중앙정부와 자치단체 간의 관계에 초점을 맞춘 단체자치에 비하여 자치단체와 주민과의 관계에 비중을 두는 주민자치의 원리도 주민주권론으로부터 파생된다. 주민의 참여와 숙의에 기초한 주민자치는 풀뿌리 민주주의의 발전에 핵심적 사항이다. 주민자치를 통하여 민주주의와 정책학습이 이루어져 주민이 주권자임을 확인하는 과정이 이루어진다. 지방자치법에서는 직접주민조례발안제, 주민감사청구요건의 완화, 참여연령의 19세에서 18세로 인하 등 주민의 직접참정제도가 대폭 강화되었다.

주민주권론은 나아가 자치입법권의 강화에도 기여하게 된다. 주민주권으로부터의 권한위임은 딜런의 원칙에서 쿨리의 법칙(Cooley's law), 영국의 상위법 위반무효의 원칙에서 권능의 일반권(General power of competence), 일본의 초과·강화조례로 발전되는 계기가 되었다. 지방정부의 자치법규는 상위법에 위반되지 않으면 유효하다는 것이 쿨리의 법칙이다. 일본은 1960년대 인권과 환경 분야에서 중앙정부의 법령보다 엄격하고 강력한 자치법규를 유효하다고 판결하였다. 21세기에 들어 영국은 지역의 활력을 위하여 상위법이 금지하고 있지 않는 한 폭넓게 자치권의 범위를 인정한 것이 권능의 일반권이다(김순은, 2020a). 새로운 지방자치법에서는 "법령의 범위에서" 조례를 제정하고, 법률이 조례에 위임한 사항에 대하여 하위법령으로 제한하는 것을 금지하는 등 주민주권론에 의한 자치입법권이 크게 강화되었다.

두 번째의 이론적 의의는 지방자치법이 국정 거버넌스론을 반영하고 있다는 점이다. 이제까지 우리나라는 중앙집권체제가 고착되어 중앙-지방의 관계는 상하·복종의 관계로서 중앙은 지방을 지도하고 감독하는 지위에 있었다. 종전 지방자치법 제9장의 명칭도 '국가의 지도·감독'이었다. 자치단체는 중앙정부의 하위행정기관으로서의 역할이 지배적이었다. 지역의 특수성이나 창의성이 발휘되기가 어려웠다. 새로운 지방자치법에서는 비록 용어는 지방자치단체를 사용하고 있지만 실질적으로는 지방정부의 위상을 부여하였다. 자치단체를 국정의 동반자로 인식하고 주민에 대한 균형적인 서비스와 지역 간 균형발전을 위한 국가-자치단체 간 협력의무를 규정함으로써 자치단체가 중앙정부의 지도와 감독의 대상이 아니고 국정의 동반자가 된 것이다. 이를 제도적으로 뒷받침하기 위하여 지방자치법 제9장의 명칭을 '국가와 지방자치단체의 관계'로 개정하고 국가와 자치단체 간 정기적인 논의의 장으로 중앙-지방협력회의를 설치하였다. 이에 대해서는 아래에서 논의하였다. 75년 만에 도입된 자치경찰의 1원화 모형이 반(半)국가-반(半)지방의 성격을 지닌 시·도경찰청을 중심으로 국가-지방의 협력적 거버넌스 하에 실행되었다(김순은, 2021e). 자치단체 내에서는 지방의회 사무기구의 인사권이 독립되어 지방의회와 집행부 간의 견제와 균형에 입각한 협력적 거버넌스가 어느 때보다 요구되어 자치분권2.0시대가 열렸다(김순은, 2021e).

② 정책적 관점의 의의

정책적 관점의 의의는 연방제 수준의 자치분권 공약이 달성되고 지방자치의 모습이 정상화되었다는 점이다. '연방제 수준의 자치분권'이라는 표현은 실질적인 수준의 자치분권을 의미하였다(김순은, 2018a). 문재인 정부는 100대 국제과제 중에 5개의 자치분권 과제를 선정하였다. 이를 토대로 자치분권형 헌법개정안을 추진하였고 자치분권위원회는 '자치분권 종합계획'을 수립하였다. '자치분권 종합계획'은 6개 전략, 33개 세부과제로 구성되었다. 2018년 국회의 비협조로 자치분권형 헌법개정이 무산됨에 따라 문재인 정부의 자치분권 공약은 지방자치법의 전부개정을 통하여 90% 이상 실현되었다.

1991년 부활된 지방자치의 제도적 토대가 매우 불완전하였다는 점은 앞에서 논의하였다. 내무부의 주장을 대부분 반영하여 임명직 단체장 체제하에서 강시장-약의회의 형태를 채택하였다. 지방의회 사무기구의 인사권마저도 단체장에게 귀속시켰다. 주민참여는 매우 형식적인 수준이었다. 무늬만 지방자치 또는 2할 자치라는 비판이 일반적이었다(김순은·주희진, 2022). 지방자치법의 전부개정으로 주민주권의 구현, 주민에 대한 자치단체의 책무강화, 자치단체의 자치권

강화, 지방행정의 효율성 강화, 국가와 지방 간, 지방-지방 간 협력강화를 위한 제도들이 도입·개정되었다. 그 결과 지방자치의 정상화가 이루어졌다.

지방자치법 전부개정의 또 하나의 의의는 지방자치 관련 여타의 법제들과 같이 여·야의 합의로 의결되었다는 점이다. 여·야 합의의 정신에 따라 여·야 간에 쟁점이 컸던 주민자치회 관련 조항은 삭제되었다. 그 외에는 지방자치의 활성화에 대하여 여·야 간 근본적인 쟁점이 존재하지 않았던 것을 의미한다. 지방자치와 지방분권에 관한 이와 같은 인식과 관행은 국가균형발전과 지방소멸을 방지하기 위해서도 지속적으로 이어져야 할 것이다.

2) 자치경찰제의 도입

(1) 자치경찰 논의의 경과

우리나라는 건국 이후 75년간 국가경찰제도를 유지하였다. 제도상 자치분권이 처음으로 논의하기 시작한 것이 김대중 정부이다. 이때부터 자치경찰은 자치분권의 주요한 자치분권 과제였다. 김대중 정부, 노무현 정부, 이명박 정부, 박근혜 정부, 문재인 정부는 모두 자치경찰에 관하여 논의했다는 공통점을 갖고 있다. 현 정부도 제주, 세종, 강원도에서 발전된 자치경찰의 시범실시를 확대할 예정이다.

각 정부마다 자치경찰에 대한 정책적 비중과 내용은 상이하였다. 김대중 정부와 문재인 정부는 자치경찰제의 대상이 시·도의 광역단위였다. 반면 노무현 정부, 이명박 정부, 박근혜 정부의 자치경찰은 시·군·구의 기초단위였다(김순은, 2020a). 문재인 정부 들어서는 자치경찰제를 도입하자는 것이 주류였다(이훈재, 2018). 노무현 정부와 문재인 정부는 자치경찰을 도입하여야 한다는 데에 강력한 의지를 보인 점도 공통점이다. 비록 도입대상은 상이하였지만 노무현 정부는 자치경찰법(안)을 발의까지 하였다.

(2) 문재인 정부의 자치경찰제

① 추진배경과 원칙

문재인 정부의 자치경찰은 2가지 관점에서 보아야 한다. 문재인 정부는 권력의 민주적 개혁을 국정과제 13으로 채택하였다. 한동안 국가경찰은 국민의 편에 있기보다는 독재 및 군사정부의 편에 있었던 과거로 인하여 경찰의 정치적 중립이라는 개혁의 소리가 컸다. 권력기관의 민주적 개혁에 검·경 수사권 조정이 포함되면서 자치경찰이 경찰의 개혁과 밀접하게 관련성을 띠게 되었다. 검·경 수사권 조정으로 비대해진 경찰권을 견제·분산하기 위한 수단으로서 자치경찰이 논의되었다. 이러한 관점에 따르면 자치경찰은 비대해진 국가경찰의 슬림화 차원에서 국가경찰을 분리하는 방안이다(김순은, 2021f). 문재인 정부 초기에 진행된 자치경찰안은 국가경찰을 슬림화하는 방안을 두고 분리의 규모에 따라 이견이 컸었다. 경찰은 17,000명의 국가경찰을 분리하자는 주장이었던 반면 자치경찰제특별위원회는 50,000여 명의 수준을 주장하였다. 사회적 안정에 비중을 두는 안이 전자이고 자치분권에 초점을 두는 안이 후자였다. 합의안이 43,000명 규모였다.

자치경찰은 자치분권의 관점에서도 중요한 의제였다(남재성, 2019).

특별지방행정기관의 정비 및 교육자치와 함께 3대 자치분권 과제였으며 자치경찰 관련 분권논의는 자치경찰의 도입과 특별지방행정기관의 정비라는 2개의 목표를 지닌 자치분권 과제였다.

자치분권의 전통이 오래된 국가들은 지방자치의 중요한 대상이 자치교육과 자치경찰이다. 그런데 우리나라에서 자치경찰은 건국 시부터, 자치교육은 1960년대부터 국가의 기능으로 분리되어 일반자치에 포함되지 못했다. 1991년 이후 지방자치가 부활된 이후에도 자치교육과 자치경찰은 별개의 과제로 분리되어 논의되었다. 지방자치의 체감도가 낮은 원인 중의 하나가 되었다(김순은, 2021a).

자치경찰은 지방이양법 등의 제정으로 자치분권을 제도적으로 도입한 김대중 정부에서 논의되기 시작하였다. 김대중 정부는 자치경찰이 자치분권의 핵심적 사항이라고 인식하고 일본의 자치경찰을 참고로 광역단위 자치경찰을 연구·논의하였다. 정부의 논의 초기에는 논의의 진행이 적극적이었으나 점차 관심이 떨어지고 논의조차 중단되고 말았다. 지방행정의 종합성을 완성하기 위하여 자치경찰은 필수적 사항이라는 점만 확인되었다. 치안이 주민들의 일상생활과 밀접한 행정 서비스이기 때문이다(남재성, 2019).

자치분권의 혁신적 실행기였던 노무현 정부는 자치경찰의 도입에 매우 적극적이었다. 기존의 국가경찰 체제를 유지한 채 기초단위에 자치경찰대를 설치하는 안이었다. 노무현 정부는 기초단위 자치경찰 도입을 위한 자치경찰법안을 발의하였으나 제도적으로 실현되지 못했다. 다만 2006년 7월 설치된 제주특별자치도에 시험적으로 자치경찰대를 도입하였다(이훈재, 2018).

이명박 정부와 박근혜 정부에 들어서도 기초단위 자치경찰이 논의되었으나 성과로 이어지지 못했다. 이와 같은 추진배경을 바탕으로 문재인 정부의 자치경찰이 본격적으로 논의되기 시작하였다. 2022년 5월 10일 출범한 윤석열 정부는 문재인 정부의 1원화 모형을 더욱 발전시켜 2원화 모형으로 발전시킬 계획을 발표하였다. 동시에 세종, 강원, 제주 외에 기초단위의 자치경찰이 시범적으로 실시될 가능성도 배제할 수 없다.

② 문재인 정부의 자치경찰 기본원칙

자치분권위원회는 2018년 3월부터 문재인 정부의 자치경찰과 관련하여 주도적인 활동을 개시하였다. 자치경찰제의 모형을 논의하고 실현하는 역할이 주어졌다. 이를 위하여 자치분권위원회는 산하에 각계 전문가들로 자치경찰제특별위원회를 구성하였다.

2018년 3월부터 자치경찰제특별위원회는 각계의 의견을 수렴하면서 향후 탄생될 자치경찰제의 기본원칙과 추진방향을 확정하였다. 첫 번째의 원칙이 경찰권의 민주성 제고였다. 경찰권의 민주적 통제 필요성은 우리의 경찰역사를 조망해 볼 때 우리 경찰의 아픈 곳이기도 하다. 13만 명에 달하는 경찰조직을 민주적으로 설계하는 차원에서 자치경찰이 논의되었다(김순은, 2021a). 자치경찰의 도입 목적이 경찰권의 민주성을 제고하는 점도 강조되었다.

경찰의 민주적 설계와 동전의 앞뒷면의 관계에 있는 원칙이 경찰의 정치적 중립이었다. 국가경찰은 내무부의 내무국 조직에서 1974년 치안본부, 1991년 경찰청 시대를 통하여 정치적 중립성을 제고시켰다. 국가경찰은 경찰청이 설치되면서 국가경찰위원회의 자문을 받도록 하였다. 국가경찰위원회는 국가경찰사무에 관한 인사, 예산, 장비, 통신 등에 관한 주요정책 및 경찰업무 발전에 관한 사항 등을 심의·의결한다(국가자치경찰법 제10조).

새롭게 탄생될 자치경찰은 시·도지사로부터 정치적 중립성을 확보할 뿐만 아니라 주민자치의 원리를 적용한다는 것이 중요한 원칙으로 추가되었다. 지방자치는 지역의 특수성을 적절히 반영한 주민밀착형 행정서비스를 제공하여야 한다. 치안영역도 예외가 되어서는 안 된다. 종전 중앙 일변도의 통제형 법집행과 서비스가 주를 이루었던 반면 자치경찰은 지역의 상황에 부합하는 치안서비스의 제공이라는 주민자치를 강조하게 되었다.

3대 원칙과 더불어 다음과 같은 사항을 중요한 선행조건으로 고려하였다. 자치경찰제의 도입은 새로운 조직과 기능의 신설 및 분리를 의미한다. 자칫 치안총량의 증가로 인한 재정의 새로운 소요가 발생할 수도 있는 개혁이다. 이를 방지하기 위하여 자치경찰이 설치되더라도 치안의 총량은 현행 수준을 유지하고 투입되는 재정도 불가피한 영역에 최소화하여야 한다는 것이다. 자치경찰의 도입을 계기로 치안의 총량이 증가하게 되면 오히려 재정적 부담을 수반하여 주민들에게 짐이 될 수 있기 때문이었다.[6]

경찰조직의 변화에 따른 혼란을 최소화하고 혼란으로 인한 치안력

6 2원화 모형으로 자치경찰제가 결정될 때 경찰조직의 확대로 인해 소요될 재정부담이 역설적으로 2원화 모형의 추진을 어렵게 하였음. 특히 코로나19의 위기적 상황은 정책의 추진에 장애요인으로 작용하였음.

의 훼손을 최소화하는 것도 중요한 고려사항이었다. 새로운 제도가 도입될 때는 새로운 제도가 안착될 때까지 변화에 따른 혼란과 시행착오는 불가피하다. 그렇다 하더라고 치안의 특수성을 감안하여 제도의 변화에 따를 혼란을 최소화하는 방안을 고려하였다. 자칫 제도의 변화로부터 오는 시행착오가 치안의 불안으로 이어지는 것은 극히 경계하여야 했다. 뒤이어 1원화 모형이 지지를 받는 중요한 요인으로 작용하였다.

자치경찰제도가 도입되면 자치경찰은 시·도의 책임하에 운영된다. 새롭게 탄생될 자치경찰은 시·도 소속이 되는 것이다. 지방자치의 특성과 같이 지역의 특수성과 상황에 따라 차별성이 부각된다. 이러한 특성이 자치경찰의 치안력 불균형으로 이어지지 않아야 한다는 점도 고려하였다(김순은, 2021f).

③ 자치경찰제의 모형

가. 2원화 모형

자치분권위원회 자치경찰제특별위원회는 문재인 정부의 자치경찰제 모형으로 광역단위의 2원화와 1원화 모형을 각각 연구·검토하였다. 2원화 모형은 국가경찰을 분리하여 독립의 자치경찰조직을 신설하는 형태이며 1원화 모형은 현재의 국가경찰조직을 분리하지 않고 활용하는 방안이다. 자치경찰제 주요 모형이었던 '경찰개혁위원회 권고안(2원화 모형)'과 '서울특별시 건의안(1원화 모형)'과 함께 외국사례들을 종합적으로 검토하였다. 경찰개혁위원회안은 경찰권 분산의 미흡, 치안현장의 혼선 우려 등의 문제점이 있었다. 서울특별시안은 치안의 정치적 중립 훼손, 국가경찰의 치안역량의 악화가 우려되었다(김순은, 2021f).

〈그림 1〉은 2원화 모형에 의한 경찰조직의 변화를 보여주고 있다. 2원화 모형은 우측의 사진이 보여주는 바와 같이 시·도 단위의 자치경찰본부와 시·군·구 단위의 자치경찰대를 설치하고 지구대와 파출소는 사무이관에 따라 자치경찰대 산하에 배치하는 형태이다. 국가경찰과 자치경찰이 분리되어 국민이 자치경찰의 정체성을 쉽게 인식할 수 있다는 장점이 있다. 20대 국회에 발의되었으나 입법화에는 이르지 못한 자치경찰제안이었다(김순은, 2021f).

2원화 모형의 특징은 자치경찰의 정치적 중립을 위하여 단임제에 갈음하여 합의제 행정기관을 도입하는 것이었다. 5명으로 구성하는 시·도자치경찰위원회를 시·도 소속으로 설치하고 자치경찰을 지휘·감독하도록 하였다. 5명으로 구성되는 합의제 행정기관을 도입하는 것은 경찰의 정치적 중립성을 확보하기 위한 것이었다.

자치경찰에게도 초동조치권을 부여하여 시급하고 중대한 사건에 대한 치안 공백을 최소화할 뿐만 아니라 치안의 시행착오와 혼란을 최소화하기 위해 3단계에 걸쳐 국가경찰 인력을 자치경찰로 전환하도록 설계되었다. 제1단계는 자치경찰사무의 50%와 이를 수행할 자치경찰인력 7~8천 명을 시험적으로 일부지역에서 시행하는 단계이다. 제2단계는 자치경찰사무의 70~80%의 사무를 전국에 걸쳐 실시하며 이때의 자치경찰인력은 3~3.5만 명이었다. 제3단계는 최종 단계로 자치경찰사무의 100%를 전국에 실시한다. 이때의 자치경찰인력은 4.3만 명이었다.

그림 1. 자치경찰제 도입 이후 경찰조직의 변화

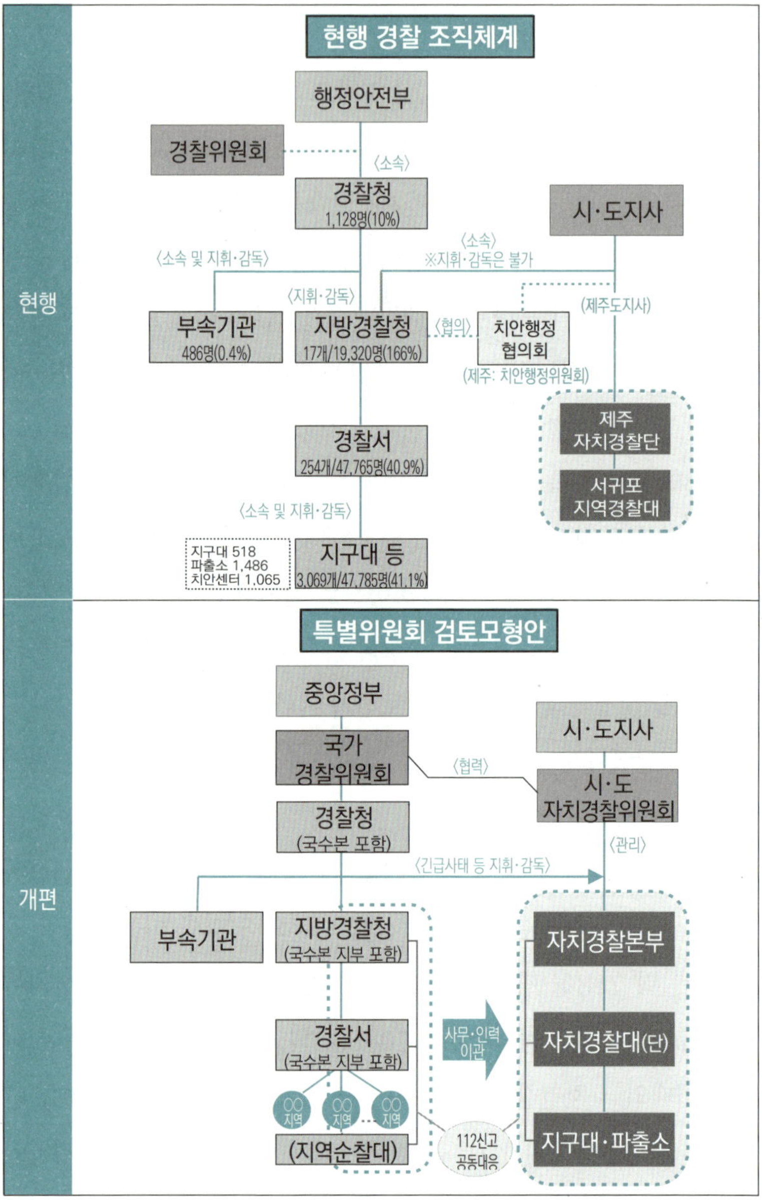

출처: 자치분권위원회(2019)

자치경찰은 생활안전, 여성·청소년, 지역교통 등 주민밀착형 치안 사무를 담당하며 3단계를 종료하면 현재 경찰 인력 중 43,000명이 자치경찰로 이관되는 계획이었다.

2020년 1월 이후 코로나19 상황이 전개되면서 자치경찰제의 새로운 모형이 논의되기 시작하였다. 상기에서 논의한 2원화 모형은 새로운 자치경찰의 조직 신설로 막대한 예산이 수반되는 안이었다. 자치경찰본부장과 자치경찰대장의 고위직 신설과 새로운 청사마련 등에 상당한 비용이 예상되었다. 그러나 코로나19 상황이 지속됨에 따라 국가경제와 국민의 삶이 어려워지게 되고 2원화 모형이 지니고 있던 단점들이 재논의되면서 1원화 모형으로의 전환이 이루어졌다. 자치경찰제 2원화 모형의 단점으로 국가와 자치경찰사무 간 경찰기능의 분리 어려움, 지구대와 파출소의 처리 어려움, 미약한 시·도자치경찰위원회의 권한, 미흡한 초동조치권, 입법지연으로 인한 단계별 실시의 어려움 등이 지적되었다(김순은, 2021f).

치안을 국가사무와 자치사무로 구분할 때 정보, 보안, 수사, 외사, 생활안전, 여성·청소년, 교통 및 경비 등과 같이 대기능을 중심으로 정보, 보안, 수사, 외사는 국가가 주로 담당하고 그 외의 기능을 자치경찰이 담당하는 방식은 매우 간단하고 논란의 여지가 작다. 자치경찰의 기능도 매우 분명하다. 그런데 이와 같은 방식은 국가경찰의 치안역량를 훼손시킬 가능성이 높다는 반대에 직면했다. 대기능을 사건의 경중에 따라 횡단적으로 분리하는 중층·중복안이 채택되면서 국가사무와 자치사무의 분리에 어려움이 커졌다. 대략 260개의 치안사무를 국가사무와 자치사무로 분리하는 데에 많은 논의가 이어졌다.

자치경찰이 주민밀착형의 지역경찰인 점을 감안하면 지구대와 파출소의 지방이관은 매우 당연한 것으로 보였다. 그러나 지구대와 파출소가 치안의 손·발인 점을 고려하면 전부 자치경찰로 이관하는 것도 쉽지 않았다. 사무이관에 따라 70% 정도는 이관하고 30%는 광역순찰대 등으로 기능을 전환하는 안 등이 검토되었다.

시·도 자치경찰위원회가 자치경찰의 지휘·감독권은 보유하였으나 제한된 인사와 조직 및 재정권 등에 효과성이 의문시되었다. 2원화 모형하에 중층·중복형 사무분리가 혼선을 피하기 위해서는 자치경찰의 초동조치권이 매우 중요하다. 현장에서의 초동대응이 사건·사고의 핵심이기 때문이다.

국회의 시간이 각종 정치적 사안 등으로 지연됨에 따라 자치경찰의 로드맵이 지연되기 시작하였다. 20대 국회에서 입법화되지 못하면서 자칫하면 문재인 정부의 자치경찰도 기존의 정부에서처럼 계획만 있고 실행은 못 하는 것은 아닌가 하는 우려가 생기기 시작하였다.

나. 1원화 모형

1원화 모형은 국가경찰 조직을 분리하지 않고 국가경찰 조직의 성격을 국가조직에서 반국가·반지방조직으로 변화하여 단일조직이 국가경찰사무와 수사사무 및 자치경찰사무를 수행하는 대안이다. 아래 〈그림 2〉에서 보는 바와 같이 시·도경찰청이라는 조직이 국가경찰사무와 수사사무 및 자치경찰사무를 처리하는 형태이다. 2020년 12월 9일 국가자치경찰법이 입법화됨으로써 2021년 7월 1일부터 전면적으로 도입되었다. 상세한 내용은 다음 절에서 논의하였다.

그림 2. 자치경찰의 조직모형

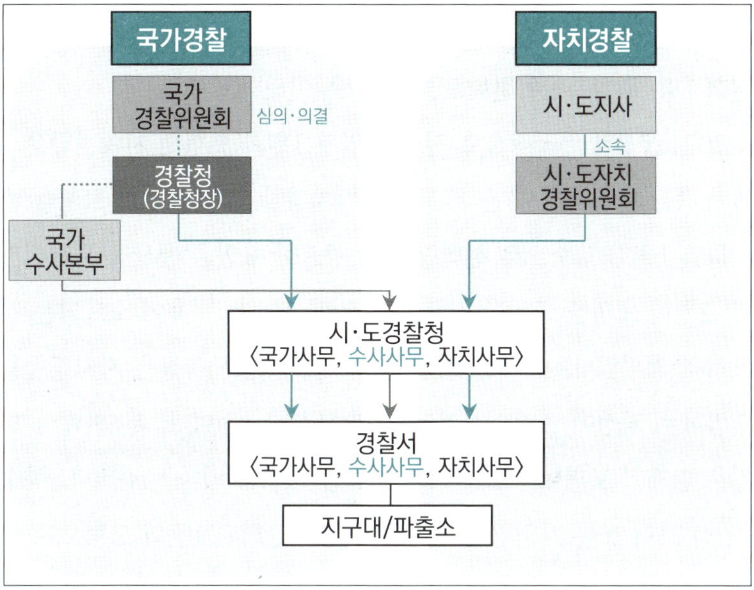

출처: 자치분권위원회(2020)

④ **자치경찰제 주요 내용**

1원화 모형의 자치경찰은 국가-지방의 협력적 거버넌스에 의한 치안행성의 수행, 시·도자치경찰위원회의 도입과 사무국의 설치라는 제도적 특징 위에 출범하였다. 경찰기능은 75년간 국가의 전속사무였으나, 경찰기능 일부를 자치사무로 분리하면서 집행조직을 새롭게 개선하였다. 기존 중앙부처의 특별지방행정기관이었던 지방경찰청을 협력적 거버넌스의 이념에 입각하여 반국가-반지방조직의 시·도경찰청으로 개혁하였다. 7명의 위원으로 구성되는 시·도자치경찰위원회는 합의제 행정기관으로서 정치적 중립성을 확보하게 되었다. 이와 함께 별도의 사무국 조직을 가짐으로써 중립성의 제도적 기반이 더욱 견고하게 되었다. 시·도자치경찰위원회는 7명으로 구성되며 위원 추천은 시·도지사 1명, 지방의회 2명, 교육감 1명, 국가경찰위원회 1명, 위원추천위원회 2명으로 이루어진다.[7]

2021년 7월 전국적으로 전면 도입된 1원화 모형의 자치경찰은 2가지 중요한 특징을 지닌다. 독립된 자치경찰조직의 2원화 모형을 폐기하고 1원화 모형으로 선회한 가장 중요한 요인은 예산적 부담이었다. 2원화 모형을 도입할 경우 수조 원에 달하는 비용이 소요되는 것으로 추계되었다. 따라서 1원화 모형의 가장 큰 특징은 자치경찰을 도입하는 과정에 소요예산을 극소화하였다는 점이다. 두 번째의 특징은 현재의 모형이 과도기적인 성격을 지니고 있다는 점이다. 향후 2원화 모형 또는 자치경찰의 기능이 더욱 강화된 1원화 모형으로 발전될 것이다. 향후 자치경찰의 발전 속도와 폭은 시·도와 시·도자치경찰위원회의 노력과 활동성과 여부에 달려있다. 시·도자치경찰위원회의 설치 이후 구성된 대한민국시·도자치경찰위원장협의회는 대통령 선거와 지방선거를 거치면서 자치경찰의 개선을 요구하였다. 2원화 모형 또는 1원화 모형의 강화 등이 제안되었다. 윤석열 정부의 정부인수위원회는 2원화 모형의 가능성을 발표하였다. 시범적으로 강원, 세종, 제주 등에서 자치경찰의 발전된 모형을 실시할 예정이다.

⑤ 추진과정

2018년 3월 구성된 자치분권위원회의 자치경찰제특별위원회의 2

7 2명을 추천하는 기관에서는 1명 이상의 성별 소수자가 추천되도록 권고를 받고 있음.

원화 권고안은 2019년 2월 당·정·청 회의를 거쳐 확정되었다. 확정된 2원화 자치경찰제안은 6월 홍익표 국회의원 대표발의로 국회에 제출되었다. 그러나 20대 국회의 회기 만료로 자치경찰제안은 자동 폐기되었다.

21대 국회에 들어 코로나19 상황 등을 고려한 새로운 대안으로 1원화 모형이 신속히 검토되었다. 당·정·청이 2020년 7월 30일 1원화 자치경찰 모델 합의에 이르렀다. 김영배 의원은 「경찰법 전부개정안」, 「경찰공무원법 전부개정안」을 2020년 8월 4일 대표발의하였다.

이 법안은 2020년 12월 2일 국회 행정안전위원회 제2소위, 2020년 12월 3일 전체회의에서 의결되었다. 「경찰법 전부개정」, 「경찰공무원법 전부개정」은 2020년 12월 9일 국회 본회의 의결, 2020년 12월 22일 「경찰법」, 「경찰공무원법」이 공포되어 2021년 1월 1일 시행되었다. 입법화에 1년 10개월의 기한이 소요되었다.

2021년 1월 1일부터 전국 지방경찰청의 명칭이 시·도경찰청(예 서울지방경찰청이 서울경찰청으로 변경)으로 변경되었고 준비된 시·도부터 시범운영이 실시되어 시범실시는 2021년 6월 30일 완료되었다. 정부수립 이후 최초로 자치경찰제를 2021년 7월 1일부터 전면 도입하였다. 지방경찰청을 중앙-지방협력모형의 시·도경찰청으로 변경하였고, 시·도지사 소속으로 시·도자치경찰위원회를 설치하였다. 지역 내 주민의 생활안전, 교통 활동 등에 관한 사무를 담당하게 되었다.

⑥ 자치경찰제의 의의

비록 1원화 모형에 기초한 자치경찰제에 대하여 비판과 우려의 소리가 있지만 시간이 지남에 따라 더욱 발전된 모습으로 자치경찰이 지방자치 및 지역균형발전에 기여할 것으로 기대되었다. 마치 32년 전 불완전 제도에도 불구하고 부활된 지방자치가 꾸준히 발전하여 자치분권2.0 시대를 맞게 된 것과 유사하다(김순은, 2021g). 왜냐하면 자치경찰은 그 자체로 중요한 의의를 지니고 있기 때문이다. 시작은 완전하지 않았지만 시간이 경과됨에 따라 개선될 가능성이 매우 크기 때문이다. 이미 2022년 5월 출범한 윤석열 정부도 자치경찰의 개선을 발표하였다.

치안은 경찰역사 75년간 국가의 전속적 사무와 책임이었다. 자치경찰제의 도입으로 치안은 국가와 지방의 공동사무와 공동책임이 되었다. 자치경찰의 도입은 지방행정의 종합성을 제고하는 의의도 지닌다. 향후에는 치안의 사무가 자치사무가 됨으로써 지방자치의 체감도를 높이는 데에도 크게 기여할 것이다. 우리나라 지방자치의 대상 중 교육과 치안이 제외되어 지방자치의 체감도에 한계로 작용하였다(김순은, 2022).

자치경찰의 민주적 통제가 가능하게 된 점도 중요한 의의 중의 하나이다. 그동안 치안의 영역에는 주민자치의 원리가 적용될 공백이 매우 작았다. 그러나 이제는 다양한 분야로부터 시·도자치경찰위원회 위원을 추천받음으로써 다양한 분야와 계층 및 이익을 위한 자치경찰의 민주적 통제가 가능해졌다.

1원화 자치경찰제의 출범은 문재인 정부가 추구해 왔던 국가-지방협력적 거버넌스의 구현이라는 관점에서도 의의를 찾을 수 있다. 문재인 정부는 국가-지방 간 협력을 위하여 제2국무회의 창설을 제안하였고 헌법개정의 무산으로 중앙-지방협력회의로 대체하였다. 같은 맥락에서 치안사무의 자치경찰화도 중앙-지방 협력적 조직을 통하여 구현되었다. 새롭게 탄생된 시·도경찰청은 종전의 명칭에서 "지방"이라는 용어를 삭제하고 반국가-반지방의 협력적 거버넌스로 발전하였다.

종전의 "지방경찰청"에서 "지방"을 삭제한 것에 또 하나의 의의를 부가할 수 있다. 우리나라는 중앙집권의 전통으로 유독 특별지방행정기관이 많은 국가이다. "2020년 5월 시점으로 전국에 총 5,137개의 특별지방행정기관이 존재하였다(하혜영, 2021, p.2). 경찰청이 2,300개를 차지하고 있었다. 새로운 시·도경찰청의 출범으로 경찰의 특별지방행정기관이 정비된 것이다. 자치경찰의 제도화 과정에서 자치분권위원회가 꾸준히 추진한 과제 중의 하나로서 자치분권의 관점에서 그 의의가 매우 크다(김순은, 2021f).

3) 제1차 지방일괄이양법 제정과 제2차 부처별 지방일괄이양법의 추진

(1) 추진배경과 추진경과

① 추진배경

중앙행정권한이나 기능을 지방으로 이양하기 시작한 1999년 이후부터 문재인 정부가 출범한 2017년까지 총 3,101건의 국가사무를 지방으로 이양하기로 확정하였다. 이 중에서 2,349건은 개별법 개정을 통해 이양이 완료되었다.

정부별로 보면 국가사무 중 지방으로 이양하기로 확정한 건수는 김대중 정부 612건, 노무현 정부 902건, 이명박 정부 1,587건이었다. 지방이양이 확정된 건수는 김대중 정부 232건, 노무현 정부 987건, 이명박 정부 763건, 박근혜 정부 206건이었다. 이와 같은 통계는 기존 개별법 개정을 통한 이양방식은 소관 부처의 지방분권 의지가 미흡한 경우 이행확보 수단이 없어 이양성과를 달성하기 어려움을 단적으로 보여주고 있다.

지방이양이 확정된 이후 오랫동안 지방이양이 이루어지지 못한 752건 중 법률 개정이 필요한 사무를 신속하게 이양하기 위해「지방일괄이양법」의 제정 필요성이 제기되었다. 일괄법을 도입하여야 한다는 것은 학계의 오랜 주장이었다(김순은, 2020a).

단위사무별 지방이양의 부작용도 일괄법의 필요성을 뒷받침하였다. 그간 개별 이양에 따른 행·재정 지원이 미흡하여 사무수행에 인력이 부족하였음은 물론 효과성이 크게 저하되었다. 자치단체가 중앙행정권한의 지방이양에 대한 소극적인 반응을 보이는 원인 중의 하나가 되었다.

소관 부처 중심의 개별 단위사무별 지방이양에 비해 일괄이양시 이양사무를 처리하는 데 소요되는 인력 및 비용 산정은 물론 지원방안을 마련하는 데 용이하다. 단위사무의 경우 주로 소수점 이하 인력이 소요되어 소관 부처의 행·재정지원 필요성에 대한 인식이 미흡하다. 결과적으로 개별 건수별 행안부·기재부와의 인력·재정이전 협의가 곤란하였다.

그동안 '04년, '10년, '14년「지방일괄이양법」제정을 지속적으로 추진하였다. 국회는 그때마다 상임위원회 소관주의 및 단일법률 심사 관례에 배치된다는 입장에서 일괄법의 수용을 거부하였다. 국회(의안과)는 법률안 심사권을 가진 특별위원회의 구성 또는 개별법 개정안으로 변경을 요구하였다.[8]

② **추진경과**

2017년 5월 10일 문재인 정부가 출범하면서 자치분권의 분위기는 기존의 정부와는 판이하게 급변하였다. 2017년 10월 29일 지방자치의 날을 기점으로 행정안전부의 자치분권 로드맵이 발표되면서 분위기가 고조되었다(김순은, 2020a).

급기야 2018년 5월 18일 여·야 간에 지방일괄이양법의 수용에 합의하고 담당 상위위원회로 국회 운영위원회가 하는 것으로 합의하였다. 이에 맞추어 정부도 5월 25일 범부처 1급 회의를 통하여 19개 부처 598개 사무를 「지방일괄이양법」에 담는 내용의 입법을 추진하였다.

일괄법 T/F의 19개 부처에 대한 3회 면담, 3회에 걸친 내부 심층 논의, 2회에 걸쳐 부처의견 간 종합조정을 거쳤다. 부처의 면담과정을 거치면서 합의에 이르지 못한 제외사무가 발생하여 최종 19개 부처 518개 사무로 조정되었다.

자치분권위원회는 본회의에서 의결하기 이전에 자치단체의 의견을 서면으로 수렴하였고 시·도 과장급 회의를 개최하였다. 「지방일

8 학계와 시민단체를 중심으로 자치분권을 전담하는 국회 내의 특별위원회로서 지방분권특별위원회를 설치하자는 주장도 제기되어 왔음.

괄이양법」 제정안은 대통령 보고(7.27)를 거쳐 및 행정안전부에 이송(7.31)되었다. 관련 절차로 입법예고(8.2.~9.11.), 관계기관 의견조회(8.9.~8.20.), 법제처 심사(8.3.~10.16.)가 이루어졌다. 주요 변동사항 및 추가 이양대상 사무에 대해 재입법예고(9.28~10.5), 지방자치단체 추가 의견의 수렴(10.8~10.11)이 이루어졌다. 정부는 차관회의(10.18), 국무회의(10.23) 심의·의결을 거쳐 「지방일괄이양법안」을 국회에 제출(10.26)하였다. 국회에 제출된 법안은 571개 사무(19개 부처소관)였다. 법제처 심사 시 연계사무의 추가 및 제외사무가 발생했기 때문이다.

「지방일괄이양법안」은 10월 29일 국회 운영위 및 12개 관련 상임위에 회부되었다. 2019년 4월 1일 「지방일괄이양법안」 국회 운영개선소위에 상정되었다. 「지방일괄이양법안」 국회 운영개선소위('19.11.28) 및 운영위에서 각각 의결('19.11.29)되었다. 「지방일괄이양법안」 법사위('19.11.29) 및 본회의 의결('20.1.9). 상임위별 심의결과를 반영하여 최종 일괄법에 담긴 사무의 수는 19개 부처소관 400개 사무였다.

「지방일괄이양법」은 2020년 2월 6일 정부에 이송되고, 2020년 2월 18일 공포되었다. 「지방일괄이양법」은 2021년 1월 1일부터 시행되는 성과를 거두었다.

(2) 지방일괄이양법의 주요 내용

노무현 정부가 종합적으로 '지방분권 종합계획'을 처음으로 작성할 때 학계 및 시민사회에서는 국가사무의 지방이양 방식으로 일괄법을 주장하였다. 1999년 일본이 일괄법의 형식으로 제1단계 지방분권을 완료한 것이 크게 참고가 되었다. 그러나 노무현 정부는 물론 그 이후에도 일괄법의 형식은 국회의 반대로 관철되지 못했다. 주지하다시피 국회의 주요 안건은 대부분 상임위원회를 중심으로 논의되고 심의·의결된다. 상임위원회 소관주의로 운영되어야 한다는 것이 국회법의 해석이며 오랜 관행이기도 했다. 따라서 모든 안건은 상임위원별로 분리하여 발의되고 국회에 접수되어야 한다는 것이 국회측의 입장이었다.

그런데 20대 국회에서 상임위원회 소관주의에 대한 예외를 논의하고 국회 운영위원회에서 2018년 5월 여·야 간에 일괄법을 수용하기로 합의하였다. 이에 따라 자치분권위원회는 2018년 7월 지방일괄이양법안을 심의·의결하고 행정안전부에 이송하였고 2018년 10월 국회에 제출하였다. 국회운영위원회는 2019년 11월 29일, 국회 본회의는 2020년 1월 9일 지방일괄이양법안을 의결하는 역사적인 성과를 낳았다.

제1차 지방일괄이양법은 16개 부처 46개 법률에 해당하는 400개의 단위사무를 포함하며 이에 따른 비용보전을 위하여 지방이양비용평가전문위원회를 설치하는 내용도 담고 있었다. 이어서 문재인 정부는 제2차 지방일괄이양법을 준비하였으나 국회의 반대로 부처별 일괄법으로 선회하였다.

국회(의안과)가 제2차 일괄법에 대하여 부정적인 입장을 보이자 법제처가 법안심의에 신중한 입장을 보이면서 국회의 수용이 가능한 부처별 일괄법으로 방식을 선회하였다. 전체를 단일 상임위원회에 부의하는 것이 아니고 동일한 상임위원회에 속하는 사무를 중심으로 일괄하여 처리하는 방식이다.

코로나19로 인한 감염병 예방 및 관리, 지역경제 활성화, 정책결정기구의 지방참여 보장 등 시급하고 중요도가 높은 사무의 일괄이양을 통한 이양효과를 제고하기 위한 것이다. 지방자치법 전부개정에 부응하여 인구 50만, 100만(특례시) 이상 대도시의 특례에 관한 사항도 담고 있다. 제2차 부처별 지방일괄이양법안은 14개 부처와 48개 법률과 관련되어 있으며 214개의 단위사무를 담고 있었다. 상위위원회별로 제출된 부처별 일괄법은 상임위원회에 따라 처리속도가 다르게 나타나고 있다. 이에 대해서는 아래에서 상세히 논의하였다.

(3) 지방일괄이양법의 의의

제1차 지방일괄이양법의 제정은 법 제도사에 매우 중요한 의의를 지니고 있다. 국회가 상임위원회 소관주의의 관행을 양보하고 일괄법을 수용함으로써 제2차 지방일괄이양법의 추진도 가능하다고 믿었기 때문이다. 그간 반대하던 국회가 일괄법의 형식을 수용한 것은 자치분권 역사에 중요한 전환점이었다.

제1차 지방일괄이양법은 크게 2가지 측면에서 의의를 찾을 수 있다. 그간 이루어진 단위사무별 지방이양은 상임위별 별도심사로 진행되어 법률개정이 이어지기까지 시간과 노력이 상당히 소요되어 비경제적이었다. 입법화되는 시점도 상임위의 관심에 따라 신속하게 처리하는 위원회가 있는 반면 마냥 늦춰진 경우도 잦았다. 따라서 단위사무별 지방이양에는 이양에 따른 비용 보전액을 결정하는 데 어려움으로 작용하였다. 일괄법은 이러한 문제점을 동시에 해결하는 방안이다.

그동안 자치분권위원회 또는 유사한 지방분권 추진주체들의 법적 지위가 자문기관이라는 한계에 초점을 맞춘 비판이 많았다. 지방분권에 관한 사항을 권고하는 수준에 머물다 보니 지방분권의 실효성이 떨어진다는 지적이 반복되었다. 실행력을 높이기 위하여 자문기구의 추진주체를 행정기관화하여야 한다는 주장이 거듭되었다. 자치분권위원회를 포함한 자치분권의 추진주체를 행정부처로 하거나 행정위원회로 격상시키는 대안들이 포함된다.

일괄법은 이러한 방안의 일부를 수용하는 효과가 발생한다. 앞에서 논의하였듯이 일괄법이 수용되면 일괄법안을 자치분권위원회와 같은 추진주체들이 입법안을 만들고 일괄법안을 심의·의결한 이후에 행정부처에 권고하기 때문에 준행정기관화하는 효과가 발생한다. 일괄법의 형식으로 입법권고를 받은 행정부처는 보다 용이하게 법안작업을 추진하게 된다. 만약 제2차 지방일괄이양법까지 입법화되었다면 일괄법 형식이 지방이양의 일반적인 국회관행으로 이어질 수 있었을 것이다(최우용, 2019). 그런데 야당의 반대로 제2차 지방일괄이양법안은 변용을 겪게 되었다.

(4) 제2차 부처별 지방일괄이양법

① 추진배경

제1차 지방이양일괄법의 성공적 결실은 자치분권의 관계자들에게 커다란 희망을 주었다. 지난 20여 년 동안 주장해온 일괄법의 형식이 국회에서 수용되었기 때문이었다. 곧이어 제2차 일괄법이 성공하면 우리나라에서도 일괄법이 관행으로 자리매김할 수 있는 계기가 될 것으로 보였다. 자치분권위원회는 그간의 지방이양 사무를 토대로 신속히 제2차 지방일괄법안을 준비하였다.

② 추진과정

자치분권위원회는 제1차 지방이양일괄법의 성공 이후 제2차 일괄법안의 마련에 속도를 높였다. 14개 부처에 걸친 48개 법률을 대상으로 166개 사무를 제2차 일괄법안의 내용으로 결정하였다. 여기에는 지방이양 140개와 대도시특례사무가 26개였다. 2021년 7월 23일 자치분권위원회는 제2차 지방일괄이양법안으로 본위원회에서 심의·의결하였다.

행정안전부는 자치분권위원회의 의결안을 중심으로 정부안을 마련하였다. 자치분권위원회가 의결한 166개 사무와 연계사무 48개를 더하여 214개로 확정하였다. 214개는 지방이양 사무 171개, 대도시특례 43개를 포함한 것이었다. 14개 부처 48개 법률 214개 사무로 제2차 지방일괄이양법안이 입법예고('21.8.6.~9.15.)되었다.

제2차 지방일괄이양법안은 중앙부처와 자치단체의 의견조회('21.8.6.~8.18.)를 거쳤다. 법제처의 사전심사('21.8.23.~)가 진행되었다. 의견조회를 거치는 동안 내용이 수정되어 제2차 지방일괄이양법안이 재입법예고('21.10.8.~10.14.)되었다. 관계기관·시민단체의 의견 및 법제처 사전심사 결과를 반영하여 법률과 사무의 수가 변경되었다. 2차 입법예고 시의 법안은 14개 부처 38개 법률과 관련된

264개(지방이양 204개, 대도시특례 60개)의 사무였다. 264개 사무는 제1차 입법예고 시의 214개(입법예고)에 50개의 사무가 추가된 것이다. 이것들은 조항분할, 법제처의 삭제와 추가, 관계기관 삭제의견이 반영된 것이었다.

그런데 최종적으로는 제2차 일괄이양법안의 방식이 변경되었다. 국회에서 여·야 간 일괄법 형식에 대한 합의가 이루어지지 않았다. 야당과 국회 의안과의 반대에 의한 것이었다. 법제처도 국회의 반대가 표면화되자 정부 내 일괄법안에 소극적인 태도로 전환되었다.

조속한 입법을 추진하였던 행정안전부는 제2차 일괄법 방식을 '부처별 일괄법'으로 변경(행정안전부 방침, '22.1.14.)하였다. 정부가 일괄적으로 발의하되 동일 상임위원회에 속한 부처들이 일괄하여 처리하는 방식의 전환이었다. 부처별로 법안을 발의하되, 부처 소관법률이 2개 이상인 경우 일괄법 형식으로 제출(총 12개 법안, 일괄법 6개, 개별법 6개)하는 형태이다. 최종적으로 13개 부처 36개 법률 261개(지방이양 201개, 대도시특례 60개) 사무가 부처별 일괄법의 내용이 되었다. 이 법안에 법무부 국가소송법 2개 사무·중기부(지역신용보증재단법 1개 사무) 3개 사무는 제외되었다. 국회에 제출된 시점은 2022년 1월 25일이었다.

③ 추진성과

2022년 5월 10일 새로운 윤석열 정부가 출범할 때까지의 성과를 분석하면 아래와 같다. 비록 일괄법안이 무산되어 아쉬움이 크지만 부처별 일괄법의 효과는 긍정적이었다. 정부 내에서 일괄적으로 발의하는 형식으로 국회에 제출되었기 때문에 각 부처별 각개 법률안 제·개정에 비해서는 속도가 빨랐다.

국회 행정안전위원회 관할 1개 법률 15개 사무(비영리민간단체 지원법 일부개정법률안)는 3월 31일 상임위원회의 의결, 4월 14일 법사위의 의결을 거쳐 4월 15일 본회의를 통과하였다.

문체위에 발의된 2개 법률 7개 사무도 3월 31일 상임위 의결, 4월 14일 법사위 의결, 4월 15일 본회의를 통과하였다. 그 외의 법안은 통과되었거나 현재 진행 중에 있다.

4) 중앙-지방협력회의법의 제정

(1) 추진배경

문재인 대통령 선거공약은 제2국무회의[9]의 설치였으나 자치분권형 헌법개정의 무산으로 제2국무회의의 설치는 무산되었다. 대안으로 제시된 안이 중앙-지방협력회의의 설치였다. 지방자치법에 근거 규정을 마련하고 실행법률로서 "중앙-지방협력회의 구성과 운영에 관한 법률(중앙-지방협력회의법)"을 2021년 6월 제정하여 2022년 1월 13일 지방자치법과 동시에 발효되었다.

(2) 추진과정

제2국무회의 대안으로 "중앙-지방협력회의법"의 제정을 추진하여 법안이 '19년 12월 24일 국무회의를 통과하였다. "중앙-지방협력회

9 국무회의는 헌법적 용어이기 때문임.

의법안"은 2021년 6월 16일 국회 행정안전위원회의 의결을 거쳤다. "중앙-지방협력회의법안"은 2021년 6월 29일 국회 본회의 의결을 거쳐 2022년 1월 13일 시행되었다. 1년 6개월이 소요되었다. 법안 발효일은 2022년 1월 13일 제1차 중앙-지방협력회의가 개최되어 의미를 더했다. 중앙-지방협력회의는 윤석열 정부에서도 이어져 현재까지 3차례에 걸친 회의가 이어졌다.

(3) 추진내용

중앙-지방협력회의는 대통령, 국무총리, 시·도지사협의회장, 중앙부처의 장관 및 지방대표들이 참여하는 심의기구이다. 중앙-지방협력회의는 국가와 자치단체의 협력에 관한 사항, 국가와 자치단체의 권한, 사무 및 재원의 배분에 관한 사항, 지역 간 균형발전에 관한 사항, 자치단체의 재정 및 세제에 영향을 미치는 국가정책에 관한 사항, 그밖에 지방자치의 발전에 관한 사항을 심의한다(법 제2조).

문재인 정부는 자치단체를 중앙정부의 하위행정기관으로 간주하지 않고 국정의 동반자로 인식하였다는 대표적인 증거가 중앙-지방협력회의이다. 협력적 거버넌스의 차원에서 중앙정부와 자치단체와의 협력의무를 지방자치법에서 규정하였다. 2022년 1월 13일 제1회 회의가 개시된 이후 중앙-지방의 대표자들이 함께 자치분권과 균형발전 등 국가의제를 논의하고 있다. 현재까지 총 3회의 회의가 개최되었다.

중앙-지방의 협력관계는 자치경찰제의 도입에서도 나타났다. 국가경찰과 자치경찰을 분리하는 2원화 모형을 폐기하고 1원화 모형을 선택함으로써 경찰의 영역에도 협력적 거버넌스를 활용하였다. 대통령-시·도지사 간담회를 정례화하여 중앙-지방 간 소통·협력 제도화 및 지방의 국정참여를 확대하는 제도적 기반을 마련하였다. 지방자치법, 주민조례발안법, 중앙-지방협력회의법 시행일인 2022년 1월 13일 제1회 중앙-지방협력회의가 개최되어 정부의 의지를 실천하였다. 2022년 5월 윤석열 정부가 출범한 이후에는 10월 7일 제2차, 2023년 2월 제3차 중앙-지방협력회의가 이어져 새로운 중앙-지방의 소통 창구로 정착될 전망이다.

5) 주민조례발안법의 제정과 주민투표법의 개정

(1) 추진배경

주민조례발안법은 지방자치법 전부개정과 별도로 주민조례청구제도를 독립된 법체계로 운영하기 위해 제정('22.1 시행)되었다. 기존의 제도와 비교할 때 주민조례 제·개·폐 청구요건과 절차 등이 간소화되고, 청구안에 대한 이행력이 강화되었다.

마지막으로 주민투표법이 개정('22.4) 시행되었다. 2004년 최초 도입되어 운영 중인 주민투표제도는 그동안 개표요건과 완결요건 충족이 어려워 제도적 장벽이 높다는 지적이 있어 왔다. '21.12 기준으로 이제까지의 실시 현황이 이를 입증하고 있다. 주민투표 33건이 추진되었으나 12건만 주민투표가 실시되었다. 이 중에서 개표 10건, 미개표 2건이었다.

(2) 추진과정

주민투표법은 이미 국회에서 통과된 주민조례발안법과 국회 법안 소위에 계류된 주민소환법과 함께 주민참여 3법이다. 문재인 정부는 주민참여 3법의 완성을 위하여 2019년 1월 23일 제20대 국회에 발의하였다. 그러나 20대 국회의 임기만료로 자동 폐기되었다. 21대 국회가 개원됨에 따라 2020년 12월 28일 발의되어 2022년 1월 5일 행정안전위원회의 의결을 거쳐 2022년 4월 5일 본회의를 통과하게 되었다. 법안의 마련에 총 3년 3개월이 소요되었다.

(3) 추진내용

주민투표법의 전부개정으로 격리자 거소투표 허용, 주민투표권 연령 하향 조정, 선상투표 제외 명확화, 예산관련 금지대상 명확화, 주민투표 실시요건 의무화, 전자서명청구제도 도입, 주민투표일 법정화 등이 도입되었다. 이번 법개정으로 주민투표 청구권자 연령이 하향조정(19세→18세 이상)되었다. 전자주민투표 도입의 근거 마련 등 주민투표제도 전반이 체계적으로 개선되었다.

종전의 개표요건이 폐지되고 확정요건이 완화되었다. 종전에는 유권자의 1/3의 개표요건과 유효투표의 과반수라는 확정요건이 요구되었지만 전부개정에 따라 개표요건은 삭제되고 확정요건은 1/4의 투표자 투표에 유효투표 과반수로 확정된다.

6) 고향사랑기부금법의 제정

(1) 추진배경

고향사랑기부금법이 제정('23. 1월 1일 시행)되었다. 이 제도는 거주지 이외의 자치단체에 일정액을 기부하면 세금공제 혜택 등을 받는 제도로써 지역경제 활성화와 지방재정 확충에 크게 기여할 것으로 기대된다. 기부문화의 확산에도 기여할 것이다.

(2) 추진과정

2023년 1월 시행된 고향사랑기부금법 제정도 중요한 성과 중의 하나이다. 2008년 제17대 대통령 선거에서 문국현 후보가 공약으로 제시한 이후부터 정치권에서 논의가 본격화되어, 2009년 3월 13일 이주영 의원 외 10명이 기부금품의 모집 및 사용에 관한 법률안」을 국회에 발의하였다. 국회 행정안전위원회에 상정('11.3.7)되었으나 국회 본회의 임기만료로 폐기('12.5.29)되었다. 그 이후. 홍재형 의원 외 12명이 「소득세법 일부개정법률안」을 국회에 발의('11.7.5)하였으나 국회 기재위 상정('11.11.4) 후 폐기('11.12.28)되었다.

문재인 정부의 대선 공약 및 국정과제로 채택되어 20대 국회에서 「고향사랑 기부금에 관한 법률」 발의(이개호 의원('17.9.27.) 등 3건)가 이루어졌으나 임기만료로 폐기되었다. 21대 국회에서 「고향사랑 기부금에 관한 법률」이 재발의(한병도 의원('20.7.23.) 등 5건)되어 행정안전위원회 의결('20.9.22.), 법사위 의결('21.9.24.)을 거쳐 본회의에서 2021년 9월 27일 의결되었다. 논의부터 제정까지 15여 년이 소요되었다. 「고향사랑기부금법」이 공포('21.10.19) 및 시행('23.1.1)

될 예정이다.

(3) 추진내용

고향사랑기부금제는 고향에 대한 건전한 기부문화를 조성하고 지역경제 활성화를 통한 국가균형발전에 이바지하기 위한 제도이다. 개인이 주소지 이외의 지역에 일정액을 기부하면 세제혜택 및 지역특산품으로 답례제공을 받을 수 있다. 개인은 주소지 외 전국 모든 자치단체에 기부가 가능하다. 기금을 별도 설치하여 주민복리 증진 등에 사용하여야 한다. 기부활성화를 위해 세액공제 혜택이 제공된다(10만원까지 전액).

2. 재정적 성과

1) 재정분권의 달성

문재인 정부의 자치분권 성과는 재정분권에서도 찾을 수 있다. 문재인 정부가 이룩한 재정분권의 주요 내용은 다음과 같다. 문재인 정부의 재정분권은 '자치분권 종합계획'을 바탕으로 재정분권 TF가 구성되어 강력하게 추진되었다. 보다 강력하고 명확한 목표로서 국세와 지방세의 비율을 7:3을 거쳐 6:4로 발전하는 것으로 제시하였다.

앞선 정부들의 노력에도 불구하고 진정한 재정분권 성과가 없었음을 감안하여 이를 타개하기 위한 방안을 마련하였다. 2018년 10월 30일 발표된 재정분권 추진방안의 가장 중요한 특징은 조속한 성과를 창출하기 위하여 가능한 부분부터 단계적으로 추진한다는 방침이었다.

문재인 정부의 재정분권은 제2단계에 걸쳐 실행되었다. '지방세 확충과 기능이양으로 가시적 재정분권 효과실현'을 목표로 한 제1단계의 재정분권은 2019년부터 2020년 사이에 완료되었다. 주요 내용으로는 지방소비세의 10%p를 인상하면서 국가균형발전특별회계의 포괄보조사업을 중심으로 3.6조 원에 해당하는 지역밀착형 중앙정부의 기능을 이전하였다. 2020년부터 지방이양이 확정되었다. 소비안전교부세율을 20%에서 45%를 인상하는 내용도 포함되었다. 2019년 부가가치세의 4%p에 해당하는 지방소비세 3.4조원, 2020년 6%p에 해당하는 5.1조 원 합계 8.5조 원이 지방세로 이전되었다. 그 결과 국세와 지방세의 비율이 2020년 기준으로 73.7: 26.3을 달성하였다.

'지역자율성과 균형발전을 위한 근본적 지방재정제도 혁신'을 목표로 한 제2단계 재정분권은 지방재정제도의 근본적 개편, 지방세의 추가확충, 중앙정부의 기능이양, 지방교육재정의 개혁 등이 주요한 내용으로 다루어졌다. 관련부처 간 및 당·정 간의 거듭된 논의와 협상을 거쳐 2021년 7월 합의에 이르렀다.

제2단계 재정분권은 지방소비세 세율을 현행 21%p에서 '23년까지 25.3%p로 4.3%p 인상하고, 매년 1조 원 규모의 지역소멸대응기금을 마련하며, 기초자치단체가 실행하는 국고보조사업의 국고보조율을 인상하는 안 등 크게 3가지를 골자로 한다. 이에 따라 총 5조 3천억 원의 지방재정이 확충되고, 국세와 지방세 비율은 2020년 73.7:26.3에서 72.6:27.4로 1.1%p 개선되는 효과가 있을 것으로 전망된다.

2단계 재정분권은 코로나19 팬데믹으로 국가와 자치단체의 어려운 재정여건 속에서 지방의 자주재원을 순확충했다는 점에서 의미 있는 성과이다. 아울러 국가적 과제이자, 지역의 위기인 지역소멸에 자치단체가 중앙정부와의 체계적 협치 및 파트너십을 발휘할 수 있는 기반을 마련했다는 점도 매우 중요한 성과라고 할 수 있겠다(국가예산정책처, 2021). 제1단계 재정분권이 시·도를 대상으로 실행되었다면 제2단계 재정분권은 시·군·구에 비중을 두었다. 그 결과 새로운 시·군·구세를 신설하는 효과가 기대되었다.

끝으로 지방재정의 확충이라는 관점에서 의미 있는 제도의 도입이 '고향사랑 기부금에 관한 법률(이하 고향사랑 기부금법)'이다. 거주지 이외의 자치단체에 일정액을 기부하면 일정한도의 범위에서 세금공제의 혜택을 받으며 기부금의 30% 이내에서 기부금을 받은 자치단체는 농수산물로 답례품을 제공할 수 있다. 따라서 지역경제와 지방재정의 확충에 크게 기여할 것으로 기대되고 있다.

2) 재정분권의 의의

문재인 정부의 재정분권은 32년 만에 개정된 지방자치법과 75년 만에 실시되는 자치경찰제 등과 더불어 자치분권2.0 시대를 여는 재정적 기반이 확충된다는 의의가 있다. 그동안 정부마다 재정분권을 공언하였으나 문재인 정부와 같이 지방재정의 순확충을 포함한 재정분권은 없었다. 이명박 정부와 박근혜 정부가 부가가치세의 5%p, 6%p를 각각 지방소비세로 전환하였으나 이명박 정부는 국세 축소에 따른 교부세 축소에 대한 보상, 박근혜 정부는 취득세 감면에 대한 보상의 의미로 실시된 것이었다.

문재인 정부가 추진한 재정분권의 두 번째 의의는 기능이양과 더불어 이루어졌다는 점이다. 제1단계 재정분권에서는 3.6조 원 규모의 기능, 제2단계에서는 2.25조 원의 국고보조사업 및 균형발전 사업이 지방으로 이전되었다. 2026년까지 이양된 사무의 실행의무가 종료되면 자치단체의 판단에 따라 새로운 사업으로 교체할 수 있어 지방의 재량은 더욱 커질 것이다. 제2단계 재정분권을 합의함에 있어서 지역소멸대응기금으로 매년 1조 원씩 적립하기로 한 것도 주요한 의의이다. 2022년 기준으로 자치단체의 89개가 인구감소(소멸위험) 지역으로 지정되는 상황을 고려할 때 지역소멸대응기금은 매우 시의적절한 조치라 할 수 있다.

3. 정책적 성과

1) 주민자치회의 시범실시의 확대

문재인 정부가 얻은 정책적 제1의 성과는 주민자치 활성화이다. 풀뿌리 주민자치 활성화를 위한 주민자치회 시범실시 지역을 확대하고, 주민자치회 대표성 제고를 위한 표준조례를 개정('20.4)하였다.

주민자치회의 시범실시가 2013년 개시되었다. 당시 전국에 걸쳐 39개의 읍·면·동에서 실시되었다. 문재인 정부가 출범하면서 시범지역의 수가 2018년 95개, 2019년 408개, 2020년 626개, 2021년 1,013개로 확장되었다. 최종 2022년 3월 기준으로 1,098개 주민자치회가 구성되어 활동하고 있다. 16개 시·도를 기준으로 서울 200, 부산 10, 대구 6, 인천 124, 광주 37, 대전 48, 울산 12, 세종 22, 경기 227, 강원 48, 충북 20, 충남 92, 전북 5, 전남 55, 경북 28, 경남 164개로 분석되었다.

2) 자치분권사전협의제

자치분권사전협의제는 중앙부처가 제·개정하는 법령에 대해 중앙정부와 지방정부 간 사무배분의 적정성, 국가관여의 적정성, 자치권 침해여부를 검토하고 침해 소지가 있는 경우 개선방안을 제시하는 제도이다. 주무부처와 행정안전부 사이에 논의가 실행되는 제도이다.[10] 필요한 경우에는 자치분권위원회가 의견을 제시할 수 있다. 사무배분의 적정성은 국가/시·도/시·군·구 간 사무배분의 명확성, 보충성·비경합성·포괄배분 등 사무배분의 원칙준수 여부, 위임의 타당성 여부 등을 검토하게 된다.

국가관여의 적정성은 사무성격(국가·지방·위임)별 적절한 지도·감독 규정여부, 지도·감독의 필요성, 관여 최소화 원칙준수 여부 등을 검토한다. 기타 사무신설에 따른 재정지원 및 부당한 부담의 전가 여부, 조례 규정 사항을 하위법령으로 규정했는지 여부, 개별법에서 행정기구 및 위원회 등을 신설했는지 여부 등의 자치권 침해여부가 검토의 대상이다.

중앙행정기관이 발의하는 모든 제·개정 법령이 대상이 되며 법령

10 필요한 경우 자치분권위원회의 의견을 들을 수 있음.

안 입안 후 법제처 심사 이전까지 자치분권 사전협의를 마쳐야 한다. 법령을 제·개정하는 행정부처는 입법예고 단계에서 행정안전부 장관에게 자치분권 사전협의를 요청하여야 한다. 행정안전부는 필요할 경우 자치분권위원회와 논의할 수 있다.

2019년 7월 1일 발효된 이 제도로 2022년 2월 기준 총 4,435건의 법령이 협의되었으며, 월평균 138건이 협의되었다. 개선권고가 180건(5.6건)[11]이었다.

자치분권사전협의제는 자치분권의 침해를 사전에 예방할 수 있는 사전적 지방행·재정영향평가제도로서 의의를 가진다(김순은, 2021b). 그동안 자치분권 노력이 사후적인 성격을 띤 반면, 사전적으로 자치권을 보호하는 제도이다.

행정부처가 발의하는 법령에 한하여 적용되고 있지만 현재 국회에서 발의된 법률에 대해서도 유사한 제도가 필요하다는 논의가 진행 중에 있다. 제도화가 국회의원이 발의한 법률에까지 확장된다면 국회의 행정안전위원회가 국회의원이 발의한 법률에 대하여 행정안전부와 같은 역할을 수행하게 될 것이다.

3) 메가시티 지원을 위한 정책적 기반구축

(1) 추진배경

인구의 수가 절대적으로 감소함에도 불구하고 수도권으로의 인구 집중은 지속적이다. 이미 수도권 집중도가 50%를 초과하였다. 지역

---

11 괄호 안의 숫자는 월평균을 의미함.

균형발전 차원에서 새로운 전략과 대안이 필요한 시점이다.

이러한 상황에 맞추어 지역을 중심으로 시·도의 통합 또는 시·도 간 새로운 협력체제가 논의되기 시작하였다. 대구·경북의 통합, 광주·전남의 통합, 부·울·경 메가시티, 세종-대전을 중심으로 충청권 메가시티 논의들이 대표적인 예이다. 지역의 주체성과 정책의 실행력 차원에서는 통합의 방식이 유리하나 통합에 이르는 과정이 매우 어렵다는 것은 대구·경북의 사례에서 확인하였다.

협력의 방식 중 통합을 대체하여 최근에 활발하게 논의되는 방식이 특별지방자치단체의 활용방안이다. 특별지방자치단체는 종전 지방자치법에서도 규정하고 있었으나 시행령 등 후속조치의 미비로 활용되지 못했다. 지방자치법에서 자치단체 간 협력의 방식으로 구체적 도입대상과 절차 등이 마련되었다. 단일 또는 복수의 광역적 기능을 보다 효과적으로 추진하기 위하여 행정구역을 초월하여 특별지방자치단체를 설립할 수 있다. 기존의 자치단체 지위가 존중되기 때문에 통합방식보다는 보다 용이하게 구축할 수 있다는 장점이 있다. 문재인 정부도 지역의 메가시티 구축과정에 체계적으로 대응하고 지원하기 위하여 범부처 차원의 추진체계의 필요성을 인식하고 범정부 지원협의회를 구성·운영하였다.

(2) 주요 내용

중앙정부는 지역의 자생적 지역균형발전을 지원하기 위하여 자치분권위원회와 국가균형발전위원회 위원장을 공동단장으로 하는 ‘메가시티 지원 범부처 TF’를 구성하였다. 범부처 TF에는 이슈에 따라 행정안전부, 기획재정부, 산업자원부, 국토교통부, 교육부 등 관계부처 차관이 위원으로 참석하였다.

범부처 TF 산하에는 '지방행정체제 개편 및 메가시티 지원반,' '초광역 협력사업 지원반,' '지역맞춤형 지원반' 등 3개의 지원반이 구성되어 지역의 요구에 대응하였다. 전체 회의는 매월 1회 개최되었으며 '21년 10월까지 운영하였다. 문재인 정부하에서 사업의 실행력을 제고하기 위하여 국무조정실 산하에 범정부 초광역 협력사업 지원협의회를 구성하여 메가시티 등 초광역 협력사업을 지원하였다.

(3) 의의

범부처 TF가 예정했던 대로 '21년 10월까지 메가시티 지원방안을 마련하고 초광역협력 추진전략 보고회의 차원에서 '21년 10월 14일 지역주도형 초광역협력 전략회의가 개최되었다. 이러한 중앙정부의 대응조치는 지역의 자발적·자생적 노력이 선행되고 있기 때문에 더욱 탄력을 받았다. 종전의 국가균형발전전략이 하향식 특성이 강했다면 메가시티 지원전략을 통한 국가균형발전은 상향식이라는 의의를 지녔다. 선행 지역이 성공적으로 추진하면 기타 지역으로의 파생효과도 매우 클 것으로 전망되었다.

4. 자치분권 운영성과 인식조사 결과

지방자치에 대한 인식도 크게 개선되었다. 지난 30년간 지방자치로 인해 지방행정, 주민생활서비스 및 지방자치 전반적 측면에서 긍정적 변화가 있다고 평가하였다. 20년 평가와 30년 평가를 비교하면 아래와 같다.

지방행정에 대한 질문으로 지방행정 민주성 제고에 대해선 47.3%→50.3%로, 행정개혁의 성과에 대해서는 47.3%→49.0%로. 시민의식의 제고에 대해서는 50.4%→61.0%로 각각 발전한 것으로 조사되었다.

주민생활서비스에 대한 질문으로 주민안전의 발전에 대해서는 51.9%→58.3%, 보건복지의 향상에 대해서는 53.6%→64.9%로, 도시·환경관리에 대해서는 55.6%→60.9%로, 문화여가에 대해서는 54.2%→56.4%로 각각 긍정적으로 응답하였다.

전반적으로 지방자치의 발전이라는 관점에서 성과가 좋았다는 평가가 48.2%→57.8%로 상향되었다.

III 문재인 정부의 자치분권2.0

1. 자치분권2.0의 개념

1991년 재개된 지방자치(자치분권 1.0 시대)는 지방자치의 부활과 지방자치제도의 기본 토대의 마련에 초점을 둔 시기였다. 시간이 경과함에 따라 이전과는 전혀 다른 새로운 자치분권의 모습이 필요하게 되었다. 시대적 요구에 부응하기 위하여 문재인 정부는 자치분권 7법 완료와 자치분권 사전협의제, 재정분권 등을 통한 실질적 지방분권과 지방자치제도 완성을 위해 노력했다. 이러한 역사적 배경을 토대로 형성된 새로운 자치분권의 모습과 형태를 자치분권2.0로 정의할 수 있다.

〈자치분권 7법〉

지방자치법 전부개정, 자치경찰을 위한 경찰법 전부개정,
지방일괄이양법 제정, 중앙-지방협력회의법 제정,
고향사랑기부금법 제정, 주민조례발안법 제정, 주민투표법의 개정

자치분권2.0은 주민주권론과 거버넌스론 등의 이론에 기초를 두었다. 주민주권론은 주민이 주인이라는 사상이다. 그 결과 "자치권은 주민으로부터 나온다." 전통적으로 중앙집권체제를 뒷받침하기 위하여 "모든 권력이 국민으로부터 나온다"는 원리가 국민주권이라면, 주민주권은 지방자치와 지방분권(이하 자치분권)을 옹호하는 이론으로, 지방자치는 주민의, 주민에 의한, 주민을 위한 지방의 정치를 의미한다.

거버넌스론은 국정의 운영은 통치보다는 협치에 의하여 이루어져야 한다는 주장이다. 거버넌스론에 기초하여 자치단체에 국정 동반자의 지위를 부여하여 국가-지방 간 새로운 협력적 관계를 구축한다. 자치단체가 더 이상 국가의 지도·감독의 대상이 아니고 국정의 동반자가 되는 것이다.

2020년 12월에 전부·개정된 지방자치법은 주민주권과 거버넌스의 주요한 이론적 주장들이 적절하게 반영되어 있다. 첫째, 민주성 제고를 위한 주민의 참정범위 확대와 지방의회 위상과 지위의 정상화, 둘째, 자치단체 책임성 강화를 위한 자치단체의 정보공개 의무,

지방의원 겸직금지대상 구체화, 셋째, 효율성 제고를 위한 기관구성의 다양화, 특례시제도, 특별지방자치단체제도 등이 도입되었다. 넷째, 국가와 지방자치의 관계를 기존의 '국가의 지도와 감독'에서 '국가와 지방자치단체의 관계'로 개정한 것도 국정 동반자로서의 지방정부의 위상을 인정하였다고 볼 수 있다. 중앙-지방협력회의의 설치를 통하여 중앙정부와 지방정부가 대등한 관계에서 논의할 수 있는 소통의 장을 마련하였고, 중앙-지방 협력모형에 기초하여 자치경찰제를 도입하였다.

2. 자치분권2.0의 주요 내용과 특징

지방자치법 전부개정을 포함한 자치분권 7법의 완성과 자치분권 사전협의제 및 재정분권을 통하여 기존의 자치분권 1.0 시대와는 전혀 다른 자치분권2.0 시대가 개막되고 있다. 각 시대의 자치분권의 특징과 주요 내용을 비교 분석하면 다음 〈표 4-3〉과 같다.

30년 전에 시작된 자치분권 1.0은 지방자치의 부활이 중요했기 때문에 질적인 내용은 크게 관심을 받지 못했다. 선출직 단체장과 지방의회의 구성을 통한 지방자치로 관권선거를 예방하는 것이 1차적 목표였다. 이를 토대로 여·야 간 평화로운 정권교체를 통한 민주주의의 발전이 가능하다고 믿었다.

자치분권2.0은 여기서 한 걸음 나아가 지방자치의 질적 내용을 보완하여 자치분권을 한 단계 업그레이드하는 것이다. 자치분권 1.0 시대는 지방자치의 부활과 실시에 초점을 두었다면, 자치분권2.0 시대의 관심은 자치분권의 실질화와 고도화를 의미한다. 이에 자치분권1.0에 대해서는 불완전한 제도와 2할 자치라는 비판적 평가가 있었다. 자치분권2.0 시대는 제도가 정상화되고 성숙한 지방자치가 전개될 것이다.

자치분권 1.0과 자치분권2.0의 주요 내용과 특징을 구체적으로 비교하면 아래와 같다. 첫째, 자치분권 1.0 시대의 지방자치 주체가 지방자치단체였다면 지방자치법 전부개정 등으로 개막되는 자치분권2.0 시대의 지방자치 주체는 명실공히 주민이다. 자치단체 중심의 단체자치가 자치분권 1.0 시대의 특징이라면 자치분권2.0 시대에는 주민 중심의 주민자치가 주요한 특색이다. 주민들이 직접 조례안을 발의하는 등 주민의 직접참정이 크게 증가할 것이다. 주민감사청구 등 주민직접참정요건도 대폭 완화되었을 뿐만 아니라 참여 연령 역시 기존 19세 이상에서 18세 이상으로 하향되었기 때문이다.

둘째, 자치권의 관점에서 비교해 보면 자치분권 1.0 시대는 국민주권의 위임에 자치권의 근거를 둔다. 자치분권 1.0의 주권적 기초는 국민주권이었다. 중앙집권체제와 국민-국가의 토대였던 국민주권 하에서 지방자치권은 중앙정부의 권한을 뒷받침하는 국민주권의 부분적 지방 위임을 의미하였다. 자치권은 위임된 “법령의 범위 안”에서만 허용되었다. 하지만 자치분권2.0 시대에는 자치권은 주민주권에 기인한다. 구체적으로 금지하고 있지 않는 한 “법령의 범위에서” 자치권을 행사할 수 있다. 또한 기존의 중앙행정권한의 지방이양에서 더 나아가 자치분권사전협의제의 실행을 통하여 사전적으로 자치권을 보호할 수 있는 제도적 장치도 마련하였으며, 자치사무는 보충성의 원칙하에 사무범위가 확대되었다. 실질적으로 2020년 12월 9일 국회에서 의결된 지방자치법에서는 자치사무의 범위가 자치경찰과 국제교류사무로 확대되었다.

셋째, 재정분야에서도 커다란 차이가 발생한다. 자치분권 1.0 시대에는 국세와 지방세의 비율이 8:2로 지방재정이 주로 국세에 의존하여 지방정부가 사무를 수행하는 데 있어 소극적이고 의존적인 행태를 보였다. 자치분권2.0 시대에는 2차례의 재정분권을 통하여 지방정부가 주체적이고 능동적으로 사무를 수행할 수 있는 토대가 마련되었다. 지역 간의 불균형을 해소하기 위하여 국가와 지방 간 수직적 재정조정제도 외에 지방자치단체 간 수평적 재정조정도 도입되어 재정분권을 통한 정부 상호 간 협력을 촉진할 수 있게 되었다.

넷째, 지방정치 주체의 지위도 크게 개선된다. 자치분권 1.0 시대에는 지방의 정치주체는 '자치단체'에 지나지 않아 정책의 형성권이 인정되지 않았다. 자치분권2.0 시대에는 명실공히 지방정부로 인정되어 자율적인 형성권이 인정된다. 중앙-지방 협력회의도 간접적으로 지방의 정치주체를 국정의 동반자로 인정한 결과이다. 결론적으로 자치단체가 지방정부로 발전된 것으로 해석되어야 한다. 지난 30년간 지방의회의 지위도 매우 불완전하였다. 지방의회 사무기구의 인사권을 단체장이 행사한 것이 대표적인 예이다. 지방의회 사무기구의 인사권 독립과 정책지원 전문인력의 도입으로 지방의회의 지위도 공고해졌다. 더불어 지방의회의 윤리성과 주민에 대한 책무성도 강화되었다.

다섯째, 자치분권2.0 시대의 변화는 다양한 기관구성이 가능하게 되었다는 점이다. 자치분권 1.0 시대에는 강시장-약의회라는 획일적 형태로 제왕적 단체장 하에서의 지방자치였으나, 자치분권2.0 시대는 지방의회의 위상 강화와 함께 기관구성의 다양화 제도가 도입되면서 기관통합형이나 권한분산형 등의 다양한 기관구성이 가능해졌다. 기관구성의 형태를 주민투표를 거쳐 결정함으로써 주민주권을 제도적으로 뒷받침하였다.

마지막으로 정부 간 관계의 관점에서 기존의 중앙과 지방의 관계는 상하·복종의 관계였다. 자치단체는 국가의 지도·감독의 대상이었다. 구 지방자치법 제9장의 명칭도 '국가의 지도와 감독'이었다. 개정된 지방자치법 제9장의 명칭이 '국가와 지방자치단체의 관계'로 수정되었다. 이러한 개정은 자치분권2.0 시대의 중앙-지방은 수평·대등을 전제로 상호협력의 관계로 발전하였다는 것을 단적으로 보여주고 있다. 또한 별도 법률인 '중앙-지방 협력회의법'의 제정으로 대통령과 시·도지사 및 지방4단체 대표들이 정기적인 모임을 통해 자치분권 및 지역균형발전에 관한 정책을 논의하는 등 중앙-지방의 협력적 동반자 관계가 강화되었다. 자치분권 1.0 시대의 지방-지방 관계는 상호 배타적인 경쟁 관계에 비중이 치우쳤다면, 자치분권2.0 시대의 지방-지방 관계는 수평적 재정조정제도나 특별자치단체 등의 제도를 통하여 상호 합력관계가 더욱 공고해질 것이다.

표 4-3. 자치분권 1.0과 자치분권2.0의 비교

구 분		자치분권 1.0	자치분권2.0
의 의		· 지방자치의 부활 및 실시	· 자치분권의 고도화
특징 및 평가		· 불완전한 제도 · 2할 지방자치	· 제도의 정상화 · 성숙한 지방자치
주체	주체권	· 단체자치(자치단체가 주체)	· 주민자치(주민이 주체)
	주민발의	· 간접조례발의	· 직접조례발의
	직접참정 요건	· 주민직접참정 엄격한 요건	· 주민직접참정요건 대폭 완화
	참여연령	· 19세 이상	· 18세 이상
자치권	근거	· 국민주권의 위임	· 주민주권에 기초
	범위	· 법령의 범위 안에서 조례제정	· 법령의 범위에서 조례제정 (법률로 위임한 조례 행정입법으로 제한 금지)
	강화	· 중앙행정권한의 지방이양	· 중앙행정권한의 지방이양 + 사전적 자치권 보호 (자치분권 사전협의제)
	자치사무	· 집권적 사무배분과 협소한 사무범위	· 보충성 원칙과 사무범위 확대 (자치경찰사무, 국제교류사무 등)
재 정		· 국세에 의존	· 재정분권을 통한 협력
지위	명칭	· 자치단체(행정적 의의)	· 지방정부(정치적 의의)
	지방의회 지위	· 의결기관의 독립성 미흡 (인사권 종속)	· 지방의회 인사권 독립 (견제와 균형의 정상적 작동)
	주민에 대한 책무성	· 의례적 수준	· 대주민 책무성 강화
기관구성		· 획일적 단일구조 (강단체장·약의회)	· 기관구성의 다양성 수용 (주민투표 통한 변경 가능)
정부간관계	관계	· 수직적·상하 관계, 경쟁관계	· 수평적·대등 관계, 협력 관계
	중앙-지방	· 지도·감독 등 상하관계	· 협력적 동반자 관계 강화 (중앙-지방협력회의 설치·운영)
	지방-지방	· 상호 경쟁 관계 치중	· 상호 협력관계 (수평적 재정조정제도, 특별자치단체 등 협력체제 구축)

3. 향후 과제

1988년 지방자치법을 전부개정한 지 만 32년, 1991년 지방자치를 부활한 지 만 30년을 앞두고 지방자치법의 전부개정을 포함하여 자치분권 7법과 자치분권 사전협의제 및 2단계에 걸친 재정분권이 이루어졌다. 이를 통하여 자치분권 실질화를 위한 다양한 입법적, 재정적, 정책적 성과가 이루어져 명실공히 자치분권2.0 시대가 개막되었다고 할 수 있다. 그럼에도 불구하고 자치분권2.0 시대의 가속화를 위해서는 여전히 남은 미완의 과제에 관심을 가져야 한다.

먼저 지방자치법의 부수법안이었던 주민소환법안 등이 조속하게 마무리되어야 할 것이다. 또한 지방자치법 논의과정에서 삭제된 주민자치회에 관한 규정도 조속히 재추진되어야 할 것이다.

또한 새로운 법령하에 "지방자치의 주인은 주민이다"라는 명제가 실체화되도록 새로운 관행과 해석을 축적해 나가야 한다. 법령 및 조례 등이 규정하지 않은 부분은 관행 및 해석을 통하여 해결되기 때문에, '시대의 사회적 가치'에 부합된 해석과 관행의 적립은 우리에게 남겨진 향후 과제이다.

요약하면 자치분권2.0의 주요 특징은 주민주권과 상호협력이다. 우리는 주민주권론을 토대로 강화된 자치권과 중앙-지방 협력적 거버넌스의 구축을 통한 자치분권2.0 시대를 맞이하였다. 자치분권2.0의 성공적 성과를 위해서 제도적 장치뿐만 아니라 시대적 사회적 가치에 부합하는 관행과 해석에도 관심을 가져야 한다.

자치분권2.0 시대의 목표는 주민이 주인이 되는 주민주권과 국가와 지방 간, 지방자치단체 간에 협력을 토대로 상생의 균형발전을 달성하는 것이다.

제5장

문재인 정부의 자치분권 성공요인

5장

문재인 정부의 자치분권 성공요인

I 환경적 요인

1. 개혁의 어려움

개혁은 매우 어려운 정치적 과정이다. 기득권의 구조를 타파하기 어렵기 때문이다. 시간이 흘러 상황이 변화되면 이에 따른 제도적 환경이 마련되어야 한다. 그럼에도 불구하고 개혁이 이루어지지 않아 혁명으로 이어진 사례도 다수이다.

개혁의 필요성에도 불구하고 개혁이 어려운 이유는 다양하다. 첫 번째의 이유는 행정의 특성에서 찾을 수 있다. 행정이 지니는 복잡성과 공공성의 개념이 모호하고 때로는 포괄적이라는 점이다. 과학기술의 발달과 현대생활의 발전은 행정을 더욱 복잡하게 만들고 있으며 이는 행정부처의 분화로 이어졌다. 각 부처는 부처가 담당할 기능으로부터 다양한 규제를 만들어 왔다. 중앙정부의 기능을 수직으로 연결하는 지방정부의 상황도 유사하다.

시장의 실패는 공공성의 확보와 밀접한 관련성을 갖는데 국가와 사회에 따라 공공성의 개념이 상이함에도 불구하고 그 개념이 모호하고 점점 포괄성을 띠고 있다는 공통점을 갖는다. 따라서 공공성의 표방 하에 다양한 규제가 탄생된다. 지방정부가 제공하는 공공 서비스의 경우 제도적 계약론, 공공가치관리론, 신공공서비스론에 의한 공공규제가 이루어진다. 공공의 가치를 위한 사회적 규제인 셈이다. 일본에서는 2009년 '공공서비스 기본법'을 제정하여 공공성에 기초한 규제의 근거를 제시하고 있다. 공공성의 모호함은 행위자 간의 합의를 도출하는 데 어려움으로 작용하며 그 결과 개혁의 목표와 수단을 결정하기가 어려워졌다.

행정행위와 관련된 지대추구와 기득권 유지도 개혁을 가로막는 중요한 일반적 요인이다. 일단 행정기관의 인·허가만으로 진입장벽이 형성되어 기득권 유지로 이어진다. 인·허가 대상영역이 많을수록 지대추구를 위한 로비활동이 증가한다. 이에 따른 사회적 비용이 증가하게 된다. 인·허가와 개발계획 또는 규제와 같이 정부의 개입이 크면 클수록 지대추구로 인한 사회적 비용이 증가한다. 지방분권을 논의할 때 중앙정부 행정권한의 지방이양을 관련 시민단체가 강력하게 반대했던 예도 여기에 속한다. 양질의 일자리가 부족한 상황에서 의사협회, 변호사협회 등이 의과대학이나 변호사 시험의 합격자 증가에 반대하는 것도 유사한 논리이다. 개혁이 가능하려면 개혁을 추진하는 역량이 반대 또는 저항하는 측의 역량을 넘어야 한다.

개혁이 적절히 수행되지 못하는 것은 공무원의 권력주의와 무사안일 및 민간에 대한 불신으로부터 찾을 수 있다. 공공성의 확보를 위해 도입된 각종 규제는 공무원의 힘으로 작용한다. 따라서 공무원들이 무의식적으로 인·허가 등의 정부규제를 즐기는 현상으로 발전된다. 이러한 공무원의 권력주의는 공직사회의 자기혁신 의지를 저하시키는 중요한 요인이다.

때로는 불합리한 제도와 규제가 잔존하고 있음에도 불구하고 선뜻 나서서 개혁을 주도하는 공무원은 찾기 매우 어려운 실정이다. 1991년 지방자치법의 제도가 시대적 상황에 어긋난다고 그렇게 주장하여도 개선을 위한 적극적인 모습을 보인 공무원의 수는 많지 않았다.

개혁의 직·간접적 수혜자는 국민이나 주민이다. 그러나 대부분의 국민이나 주민들은 개혁에 대하여 커다란 관심을 가지고 있지 않다. 주민 개개인의 민원과 깊은 관련성이 있을 때는 예외지만, 통상 상당한 불편과 어려움이 있더라도 불합리한 제도의 개선을 위하여 행동하는 예는 많지 않다. 개개인이 가지고 있는 애로사항이나 불편을 여론화하는 과정이 필요한데 여기까지 발전하기가 쉽지 않은 것이 현실이다. 여기에는 개혁으로부터 발생될 이익을 주민들에게 적극적으로 홍보하지 않는 행정의 책임도 기론할 수 있다.

한편 주민들이 생활 주변에서 겪게 되는 크고 작은 불편을 개인의 책임감 하에 적극적으로 처리하려 하기보다는 관 의존, 행정 의존도가 점진적으로 확대된 것도 문제라고 할 수 있다. 개혁으로 인하여 민간부문의 자율성이 확대되면 자율성의 확대로부터 시장의 실패가 발생할 수도 있다. 시장의 실패를 행정 의존적으로 해결하기보다는 소비자 주권의 차원에서 주민들이 적극적으로 대처하는 것도 필요하다. 행정중심의 행정통제보다는 주민중심의 주민통제 기제가 작동되지 못하는 것도 일본과 우리나라의 사정이 유사하다.

행정개혁의 어려움은 자치분권 영역에도 예외 없이 적용된다. 1999년 1월 김대중 정부는 '중앙행정권한의 지양이양 촉진 등에 관한 법률(지방이양촉진법),' 노무현 정부는 2004년 '지방분권특별법,' 이명박 정부는 2008년 '지방분권 촉진에 관한 특별법(지방분권촉진법)'과 2010년 '지방행정체제 개편에 관한 특별법(지방행정체제개편법),' 박근혜 정부는 2013년 '지방분권 및 지방행정체제개편에 관한 특별법(지방분권행정체제개편법)'을 제정하여 자치분권 개혁을 추진하였으나 정부 간 차이는 있으나 커다란 성과를 거두지는 못했다.

문재인 정부는 2017년 10월 '지방분권 및 지방행정체제개편에 관한 특별법'을 개정하고 자치분권개혁의 강력한 의지를 보였다. 이어 2018년 3월 20일 '지방자치분권 및 지방행정체제개편에 관한 특별법(지방자치분권행정체제개편법)'으로 법명을 개칭하고 추진기구를 지방자치발전위원회에서 자치분권위원회로 변경하였다.

문재인 정부는 2018년 3월 26일 국회에 자치분권형 헌법개정안의 발의를 시작으로 어느 정부보다도 적극적으로 자치분권 개혁을 추진하였다. 자치분권위원회는 2018년 9월 '자치분권 종합계획'을 수립하고 2022년 7월 임기가 종료될 때까지 자치분권의 성과를 달성하기 위하여 노력하였다. 7법의 입법적 성과, 2단계에 걸친 재정분권 성과, 자치분권 사전협의제, 초광역협력지원, 주민자치회의 활성화 등 정책적 성과를 거두었다.

문재인 정부의 자치분권 성과는 2018년 3월 발의된 자치분권형 헌법이 무산됨에 따라 헌법의 개정이 요구되는 사항을 제외하고 법령의 개정과 정책의 변화로 나타났다. 자치분권 7법으로 이어진 입법적 성과와 2단계에 걸친 재정분권 및 정책적 성과가 여기에 해당한다.

문재인 정부의 자치분권 성과는 성공적이었다고 평가해도 무방할 것이다. 역대 정부들과 비교할 때 명확하게 가시적인 성과가 있기 때문이다. 문재인 정부의 성공적인 자치분권 개혁에는 다양한 요인들이 복합적으로 작용하였다. 대통령과 정부의 의지, 자치분권위원회의 합리적·타협적 리더십과 생산적 전략, 국회의 입법환경, 자치분권 지지그룹의 연계와 협력 등이 복합적으로 작용하였다. 그중에서도 대통령과 정부의 의지가 매우 중요한 변수였다. 이에 대해서는 다음 절에서 논의하였다.

2. 자치분권 개혁의 성공요인

1) 대통령과 정부의 의지

대통령제하에서 정책의 성패는 해당 정책이 얼마나 지속적으로 대통령이 직접 챙기는 대통령 어젠다에 포함되느냐에 달려있다. 모든 정부가 정부 출범에 맞추어 국정과제를 결정하여 발표한다. 정부의 임기 내에 역점을 두고 추진하겠다는 정책들이다. 모든 국정과제가 동일한 비중으로 추진되는 것이 아님은 이미 역사를 통해 알 수 있다. 시대적 상황의 변화와 대통령의 의지에 따라 국정과제들의 추진은 매우 다양한 모습으로 나타났다.

문재인 정부는 100대 국정과제를 정하여 발표하였다. 국정과제 중

자치분권 과제도 총 5개였다. 국정과제 13번 권력구조의 개편 속에 자치경찰체가 포함되었으며 이외에 획기적인 지방분권과 재정분권, 교육자치의 획기적 개선, 세종·제주형 지방자치의 획기적 발전 등이 포함되었다. 자치분권과 관련된 대부분의 과제가 임기 내내 대통령 어젠다에 포함되어 추진되었다. 이렇게 된 데에는 자치분권에 대한 대통령의 의지가 강했기 때문이었다(김순은, 2021b).

(1) 대통령의 의지

① 대통령의 의지와 정책과정

역대 정부들과 비교할 때 명확하게 입법적, 재정적, 정책적인 관점에서 문재인 정부의 성과는 분명하다. 이러한 성공에는 다양한 요인들이 함수관계 속에 긍정적으로 작용하였다.

첫 번째의 요인은 대통령과 정부의 의지를 들 수 있다. 대통령제 국가에서 정책의 추진여부는 대통령의 의지와 매우 밀접한 인과관계를 갖고 있다(이훈재, 2018). 대통령제 국가에서 정책에 미치는 대통령의 영향력은 절대적이다. 1999년 이후 지속된 중앙행정권한의 지방이양 및 지방분권을 연구했던 연구자들은 지방분권의 성패의 주요한 원인을 대통령의 의지에서 찾고 있다. 정책과정에서 보여지는 대통령의 정책의지는 정책 당사자 간의 협의나 조정과정에서 매우 중요한 요인으로 작용한다. 자치분권에 보인 대통령의 추진의지로 나름의 성과를 창출하였던 사례가 노무현 정부의 사례였다(이승철, 2020).

② 문재인 대통령의 자치분권 의지

문재인 대통령과 정부는 2017년 5월 정부출범 이후 지속적으로 자치와 분권을 강조하면서 자치분권의 의지를 보였다. 대통령은 임기 내에 2명의 자치위원장을[1] 임명하였는데 모두 자치분권 분야의 전문가를 자치분권위원회 위원장으로 위촉하였으며 임명장을 직접 수여하였다. 행정안전부 장관도 자치분권의 지지자를 임명함으로써 대통령의 의지를 분명히 표출하였다. 문재인 정부 출범 이후 현재까지 3명의 장관 중 2명을 자치분권에 적극적인 인사로 임명하여 행정안전부의 자치분권 분위기를 바꾸는 데 크게 기여하였다.

대통령은 임명장 수여식뿐만 아니라 지역의 대표들 간의 간담회 등 기회가 있을 때마다 자치분권의 중요성과 추진의지를 강하게 피력하였다. 대통령의 자치분권 의지는 대통령실 자치발전비서관실을 통하여 수시로 자치분권위원회 및 중앙의 각 부처에 전달되었다. 자치발전비서관실은 반대로 지역, 행정부처 및 자치분권위원회의 의견을 대통령에게 전달하는 중요한 역할을 담당하였다.

문재인 대통령은 재임기간 동안 54차례에 걸쳐 자치분권 등 지역정책을 강조하였다. 2017년 10월 26일 지방자치의 날 기념사, 2018년 대통령 신년사, 2018년 2월 1일 국가균형발전 비전과 전략 선포, 2018년 3월 13일 개헌관련 주요 발언, 2018년 5월 31일 개헌무산 관련 문재인 대통령 입장, 2018년 10월 25일 제73주년 경찰의 날 기념식 축사, 2019년 2월 8일 대한민국 시장·군수·구청장 초청

1 초대 위원장은 1년 8개월, 2대 위원장은 3년 2개월의 재임기간이었음.

오찬 간담회 모두발언, 2019년 2월 15일 국정원·검찰·경찰 개혁 전략회의 모두발언, 2019년 5월 16일 2019년 국가재정전략회의 모두발언, 2020년 1월 9일 포항 규제자유특구 투자협약식 축사, 2020년 1월 21일 국무회의 모두발언, 2020년 9월 21일 제2차 국정원·검찰·경찰 개혁 전략회의 모두발언, 2021년 1월 27일 세계경제포럼 연설, 2021년 3월 8일 법무부·행정안전부 업무보고 모두발언, 2021년 7월 1일 자치경찰 출범 축사, 2021년 7월 14일 한국판 뉴딜 2.0 기조연설, 2021년 10월 14일 균형발전 성과와 초광역협력 지원 전략 보고 모두발언, 2021년 12월 28일 동남권 4개 철도건설사업 개통식 및 시승행사 모두발언 등에서 자치분권의 당위성과 성과를 강조하였다.

특히 2022년 1월 13일 32년 만의 지방자치법과 중앙-지방협력회의법이 발효되는 날에 모두 발언을 통하여 문재인 정부의 자치분권과 균형발전에 관한 중요성과 성과가 발표되었다. 2022년 2월 10일에는 문재인 대통령 연합뉴스·세계 7대 통신사와 인터뷰를 통해 자치분권의 중요성을 강조하였다.

(2) 대통령 어젠다와 정부의 의지

대통령제하에서 정책의 성공과 실패의 출발은 관련 정책이 대통령 어젠다 내에 포함되어 있는지의 여부, 포함되었다 하더라도 지속성의 여부 등에 달려있다. 이를 위해서는 관련 부처와 대통령실의 긴밀한 협치 체제가 매우 중요하며 대통령의 의지와도 매우 연관성이 높다. 대통령의 의지와 관심이 높으면 대통령실의 비서관과 행정관들이 관련 이슈에 대해서 신속하게 대응하게 된다.

자치분권 관련 이슈의 경우 정무수석실과 행정안전부, 경찰청, 자치분권위원회 등이 긴밀하게 협력하였다. 대통령 어젠다에서 누락되지 않도록 수시로 대통령실과 업무를 조절하였다. 대통령은 수시로 수석비서관 회의, 각종 행사의 연설을 통하여 자치분권의 당위성 및 의지를 피력하였다.

정부도 대통령의 의지를 반영하여 국정과제로서 5개의 자치분권 과제를 포함하였다. 100대 국정과정 중에 5개가 포함되었음을 감안할 때 5%에 해당하였다.

정부의 의지는 정책추진 과정에서 적극성과 수용성으로 표출되었다. 2017년 10월 준비된 자치분권 로드맵에 따라 2018년 3월 자치분권형 헌법개정안을 국회에 발의하는 신속성을 보였다. 자치분권형 헌법개정과 20대 국회에서 지방자치법 전부개정이 무산되자 21대 국회가 출범하자마자 정부는 지방자치법 전부개정안과 부수법안들을 최우선입법으로 재차 추진하였다.

중앙부처의 신속한 대처는 자치분권의 주무부처인 행정안전부 장관들이 자치분권에 우호적인 인사들로 임명되었기 때문이다. 실무적인 수준에서도 행정안전부의 지방자치분권실장들이 이 분야의 오랜 경험과 전문성을 갖추어 정책추진에 매우 효과적이었다. 정부의 우호적인 대응은 그간 자치분권의 논란이 되었던 과제와 이슈들이 행정부처 간에도 호의적으로 수용되는 결과로 이어졌다.

2) 자치분권위원회의 합리적 리더십과 생산적 전략

(1) 합리적 리더십

자치분권 관련 제도의 제정과 개정 등은 다양한 이해당사자들이 관련되어 있다. 자치분권 관련 이슈에 대하여 각 중앙부처, 시·도, 시·군·구, 관련 이익단체, 언론의 견해와 의견은 서로 상이한 경우가 대부분이다. 중앙부처는 부처의 기능과 역할에 따른 부처할거주의가 일반적이다. 시·도와 시·군·구도 자치분권의 일반론이나 총론에 동의하지만 구체적인 각론에는 의견이 분분하다. 이익집단의 견해도 항상 친분권적인 것은 아니다. 시민단체로서 지역의 자치와 분권을 견인하는 지방분권협의회조차도 자치분권의 이슈에 따라 지역 간의 이견이 발생하는 경우도 다수였다. 특히 수도권과 비수도권, 도시와 농촌, 영남과 호남 간 이견이 자주 표출되었다. 이러한 상황하에서 다양한 견해와 이견을 조정하여 합의안을 도출하는 리더십이 요구된다.

문재인 정부하에서는 지방자치와 지방분권을 총괄하였던 자치분권위원회가 그 역할을 충실히 수행하였다. 자치분권위원회는 2018년 9월 '자치분권 종합계획'의 수립, 매년 '자치분권 종합계획'의 시행계획을 수립하였다. 종합계획을 수립하는 과정은 물론 시행계획의 수립에도 관계자들의 의견들이 충실히 반영되도록 노력하였다.

무엇보다도 자치분권위원회와 행정안전부 간에 구축된 협력적 거버넌스는 문재인 정부 동안 자치분권의 과제를 추진함에 매우 긍정적 효과로 이어졌다. 구축된 협력적 거버넌스는 상호 간에 이슈의 선택 및 이견을 해소하는 데 매우 효과적이었다. 특히 자치분권위원회 기획단장이 행정안전부 기획조정실장, 지방자치분권실장 등으로 전보된 이후에는 상호 간의 신뢰가 더욱 두터워졌다.

자치분권위원회가 다양한 이견을 합리적·생산적으로 조정한 대표적인 사례들은 지방자치법 전부개정, 제1단계, 제2단계 재정분권의 과정과 자치경찰제 도입과정이다. 재정분권과 관련하여 자치분권위원회는 기획재정부, 행정안전부, 교육부, 지방4단체 협의회가 추천하는 위원들로 재정분권특별위원회를 구성하였다. 자치분권위원회 부위원장이 특별위원회 위원장을 맡아 다양한 의견을 합리적으로 조정하였다.

자치분권위원회는 자치경찰제를 논의하는 과정에 전문가로 구성된 자치경찰제특별위원회와 실무자로 구성된 자치경찰 관련 부처 관계자 협의회를 동시에 운영하였다. 자치경찰제특별위원회의 의견조정은 물론 관계부처 간의 의견 차이는 대부분 자치분권위원회의 중재로 합의를 도출하였다.

(2) 생산적 전략

앞에서 간략히게 언급하였듯이 1999년 1월 이후 각 정부들이 지방자치와 지방분권을 위한 위원회를 구성하고 종합계획을 수립하였으나 성과는 노무현 정부를 제외하곤 미미하였다(정정화, 2017; 김홍환·정순관, 2018; 김순은, 2020a). 여기에는 그간의 정부들이 자치분권에 대한 의지가 강하지 않은 탓이 크다. 더불어 5년이라는 정부 임기 내에 가시적인 성과를 목표로 정했다기보다는 이상적이고 이론적 목표를 수립하였던 측면도 있었다.

이런 점들을 고려하여 자치분권위원회는 '자치분권 종합계획'을 수립하는 과정은 물론 각종 이슈의 논의과정에서 성과위주의 리더십과 전략을 구사하였다. 완전하고 이상적인 제도에 집착하지 않고 각 부처 간의 합의도출이 가능한 대안제시 등의 전략을 적극적으로 구사하였다. 지방자치법 전부개정을 위하여 여·야 간의 합의를 도출하는 과정에 주민자치 관련 조항들을 삭제하는 합의, 특례시의 조문내용의 조정, 재정분권과 자치경찰제 성과도출을 위해 특별위원회가 제시한 대안의 조정 등이 적극적으로 이루어졌다.

2013년 주민자치회의 시범실시는 박근혜 정부하에서 이루어졌다. 그럼에도 불구하고 야당은 주민자치회에 대해 당시 여당의 인식과 매우 상이하였다. 지방자치분권특별법에 이미 규정되어 있고 유사한 내용을 일반법인 지방자치법으로 이전하는 형태인데도 야당은 매우 강하게 반대하였다. 지방자치법 개정에는 여·야 합의라는 대전제가 있었기 때문에 불가피하게 지방자치법은 주민자치회 관련 규정들은 삭제된 채 국회의 의결을 거치게 되었다.

자치경찰제에 관해서도 2원화, 1원화 모형하에 각각 2개의 세부모형이 제시되고 논의되었다. 초기에는 2원화 모형이 매우 설득력을 얻었으나 코로나19로 인한 재정적 여건이 어려워짐에 따라 1원화로 급선회하였다. 실현가능한 성과와 이상적인 목표 간의 합리적 조정과 타협으로 생산성을 높이는 전략이 구사된 결과였다.

자치분권위원회의 정책적 조정 리더십은 특례시의 내용을 조정하는 과정에서도 두드러졌다. 20대 국회에 제출된 정부안에는 특례시 제도는 서울특별시, 광역시 및 특별자치시를 제외한 인구 100만 이상의 도시에 한정하였다. 그러나 이에 속하지 않는 지방 수부도시,

50만 이상의 도시들이 수정을 요구하면서 논의과정이 매우 복잡해졌다. 100만 이상의 도시에 특례시 지위를 부여하는 안에는 이견이 없었으나 대부분의 주장은 특례시의 범위를 확대하는 것이었다. 지방 수부도시와 50만 이상의 도시들이 양보를 거듭하여 추가특례를 부여하는 선에서 대승적인 합의가 이루어졌다. 이 과정에도 자치분권위원회의 역할이 매우 컸다.

3) 국회의 입법환경

상기에서 논의한 성과 중에서 자치분권 사전협의제를 제외하곤 모두 법률사항이다. 법률의 제·개정을 거치지 않고는 실현될 수 없는 과제들이었다. 국회의 역할이 불가피하였다. 여·야 국회의원 간에 지방자치와 지방분권 즉 자치분권에 관한 법률의 제·개정은 상호합의에 따른다는 신뢰가 형성되어 있다는 점도 매우 긍정적인 요소였다. 20대 국회에서 발의되고 의결된 제1차 지방일괄이양법이 대표적인 예이다. 20대 국회에서는 여당이 과반의석을 차지하고 있지 못했음에도 불구하고 일괄법의 형식이 여·야 간 합의로 수용되고 최종 지방일괄이양법안도 2020년 1월 20대 국회에서 통과되었다.

21대 국회에 들어서 국회의 환경은 더욱 자치분권 친화적으로 형성되었다. 자치분권에 적극적인 더불어민주당이 과반수를 압도적으로 넘는 다수의석을 확보하였다. 따라서 민주당의 의지만으로도 자치분권 입법과제들이 해결될 수 있는 입법적 여건이 마련되었다. 여기에 더불어 대통령실에서 비서관으로 자치분권 관련 업무를 추진했던 인사들이 국회의원이 되면서 자치분권을 보다 적극적으로 애정을 갖고 추진하게 되었다. 여기에 단체장 및 지방의원 등 지방자치 유경험자가 증가한 것도 긍정적이었다.

여당이 압도적으로 과반을 넘는 의석을 갖는 21대 국회에서도 자치분권 관련 법제들은 여당이 의석의 힘으로 처리하기보다는 여·야 합의로 입법화되었다. 기타의 이슈와 비교할 때 자치분권에 대한 여·야 간 분위기는 상대적으로 타협적이었고 이러한 분위기는 21대 국회에서도 이어졌다. 특히 국회 행정안전위원회 법안 소위원회에서 나타난 여·야 간 대화 분위기는 매우 생산적이었다는 평가이다.

국회의 입법환경에 추가할 사항은 관련 법률안을 담당하였던 국회의원들의 역할을 논의하는 것이다. 국회가 처리하여야 할 법률안은 수를 셀 수 없을 만큼 많다. 국회의 임기만료로 국회에서 논의조차 못 하고 폐기되는 법률안도 부지기수이다. 전부개정의 지방자치법, 자치경찰을 위한 경찰법 전부개정안도 20대 국회의 임기종료로 폐기된 전력이 있다. 일반적으로 법률안이 의결되는 데에는 2~3년이 소요되는 것이 보통이다.

이러한 국회의 입법과정을 효과적으로 관리하는 데 요구되는 것은 특정 법률안에 특별한 관심과 에너지를 쏟는 국회의원들이 필요하다는 점이다. 국회 상임위원회 법안소위에서부터 해당 상임위원회의 심의를 거치는 동안에 그러한 국회의원들이 부재하면 해당 법률안의 처리는 크게 기대할 수 없다. 다행히 자치분권 관련 법률안은 국회의 행정안전위원회에 배속된 몇몇 국회의원들의 헌신과 노력으로 20, 21대 국회 내에서 처리될 수 있었다. 주요 법안은 자치분권 7법으로 명명되었다.

4) 시민사회의 성원

자치분권을 옹호하는 그룹들의 지속적인 관심과 지지도 매우 중요한 성공요인이었다. 여기에는 지방자치와 지방분권을 위한 각종 시민단체, 특히 각 지역의 지방분권위원회, 이들의 협의체인 전국지방분권협의회 등의 변함없는 지지와 성원은 자치분권의 추진력을 확보하는 데 매우 중요한 요인이었다. 자치분권위원회는 전국지방분권협의회 등과 긴밀하게 소통하고 견고한 협력관계를 유지하였다.

지역언론의 관심과 지지도 빼놓을 수 없다. 각종 신문, 방송, 잡지 등의 매체들은 자치분권 관련 이슈를 비중 있게 다루었다. 단일 매체들은 물론 대한민국지역신문협의회, 지역언론인클럽 등 지역언론 협의회들도 매우 적극적으로 자치분권의 홍보와 지지에 앞장섰다.

Ⅲ 유기적인 정책연합

1. 주요 정책 행위자

문재인 정부하에서 자치분권과 관련된 주요 정책행위자들은 행정안전부, 국무조정실, 기획재정부, 교육부, 경찰청 등이었다. 행정안전부 장관은 자치분권위원회 당연직 부위원장이었으며, 국무조정실장과 기획재정부 장관은 당연직 위원이었다.

자치분권위원회는 '자치분권 종합계획'의 발표 이후 매년 이의 시행계획을 평가하고 있다. 주요 평가대상은 자치분권위원회, 행정안전전부, 국무조정실, 기획재정부, 교육부, 경찰청 등이다. 대부분의 과제가 자치분권위원회와 행정안전부가 담당하도록 되어 있다.

1) 자치분권위원회

문재인 정부는 자치분권의 성공을 위하여 자치분권위원회의 안정적인 리더십을 확립하였다. 자치분권위원회가 구성될 때부터 문재인 정부의 임기가 종료될 때까지 문재인 정부는 자치분권위원회의 위원장의 임기를 3연임시킴으로써 지지를 보였다. 2018년 3월 출범한 자치분권위원회의 위원장과 부위원장은 정치적 배려보다는 이 분야의 전문가를 위촉하였다. 2019년 3월 11일 초대 위원장이 개인적인 사정으로 사표를 제출함에 따라 3월 12일부터 5월 6일까지 부위원장이 위원장 대행으로서 자치분권의 정책적 기조를 변화 없이 수행하였다. 5월 7일부터 부위원장을 위원장으로 위촉함으로써 정책의 지속적 추진이 가능해졌다. 제도상 이때의 새로운 위원장의 임기는 전임자의 잔여임기였다. 그 이후 새롭게 2년의 재임, 그리고 2022년 1월에는 3연임을 통하여 문재인 정부의 자치분권을 마무리하게 되었다.

자치분권위원회는 위원회의 안정적인 리더십을 바탕으로 수년이 소요되는 자치분권 과제들을 성공적으로 마무리할 수 있었다. 안정적인 리더십은 관련 정책행위자 간의 네트워크와 거버넌스를 구축하는 데에 성공적이었다. 2명의 위원장이 문재인 정부의 자치분권위원회를 담당하게 되었는데 전임자가 1년 7개월, 후임자가 3년 2개월을 담당하였다. 양자 모두 자치분권에 대한 남다른 열정을 보였다. 이와 같은 열정을 바탕으로 자치분권위원회가 자치분권 정책행위자들 간 정책연합에 효과적인 조정자 역할을 수행하였다.

2020년 출범한 21대 정기국회 전반기를 자치분권 입법의 적기로 판단하고 총 역량을 집중한 것도 매우 시의적절하였다. 2021년 상반기에 전개된 정치상황을 고려하면 자치분권위원회의 판단은 매우 적합하였다는 평가이다. 자치경찰의 조속한 입법을 위해 경찰청을 설득하고 지방자치법의 전부개정을 정부의 최우선 법안으로 추진하였다.

2) 행정안전부

우리나라의 자치분권에 있어서 가장 중요한 중앙부처가 행정안전부이다. 대부분의 자치분권 과제가 행정안전부의 관할하에 있다. 133개 단위과제 중 대부분의 과제가 행정안전부 소관이었다. 종합계획 33개의 과제 중에서 30개가 행정안전부 관할하에 있었다. 133개 시행계획의 단위과제 중에서는 85개가 행정안전부 소관이었다. 국무조정실의 추진과제는 1개, 단위과제는 13개였다. 기획재정부의 추진과제는 2개, 단위과제는 7개였다. 교육부의 추진과제는 2개, 단위과제는 4개였다. 경찰청의 추진과제는 1개, 단위과제는 3개였다. 자치분권위원회의 추진과제는 3개, 단위과제는 4개였다. 세 분의 장관 중 두 분이 자치분권에 남다른 열정을 보임으로써 부처 내의 분권적 분위기 조성에 크게 기여하였다.

3) 국무조정실

국무조정실의 자치분권 관련 역할도 매우 중요하였다. 부처 간의 이견을 조정하고 최종안을 마련하는 역할은 국무조정실의 몫이었다. 국무조정실은 무엇보다도 제주-세종형 자치분권 모델 구현에 핵심 역할을 수행하였다. 국무조정실은 전반적으로 부처 간의 이견을 조정하는 역할을 수행하다보니 자치분권에 적극적인 자세를 보이지는 않았다. 재정분권을 추진하는 과정에서도 매우 신중한 입장을 고수하였다

4) 기획재정부

기획재정부는 재정분권과 관련하여 매우 중요한 역할을 수행하였다. 2단계에 걸친 재정분권을 완료하는 과정에 기획재정부는 방어적인 태도를 견지하였다. 국세와 지방세 구조개선, 국고보조사업 개편이 기획재정부의 주요 기능이었다. 기획재정부는 재정건전성 확보 및 유지를 위한다는 명분하에 재정분권에 대하는 자세가 매우 신중하고 보수적이었다.

5) 교육부

교육자치도 지방분권의 중요한 과제 중의 하나이다. 1991년 지방의회가 부활되면서 관치의 교육행정이 자치행정으로 전환되었다. 이때의 제도적 근거가 교육자치에 관한 법률이었다. 교육감과 교육위원의 간선제가 도입되었다.

노무현 정부가 지방분권 종합계획을 수립할 때 교육감과 교육위원

의 직선제가 도입되었다. 그러나 교육자치와 일반자치가 분리되면서 학계를 중심으로 교육자치와 일반자치의 통합이 주요한 이슈가 되었다. 문재인 정부에 들어서는 일반자치와 교육자치의 연계와 협력이라는 완화된 표현으로 일반자치와 교육자치의 관련성에 초점을 맞추었다.

교육부는 교육자치 강화 및 지방자치와의 연계와 협력 활성화를 담당하였다. 구체적으로 유·초·중등교육 권한의 이양, 교육자치에 대한 주민참여 확대, 교육협력 거버넌스 구축이라는 과제를 추진하였다.

교육부가 추진하는 교육자치와 시민사회 및 자치분권위원회가 추진하는 교육자치와는 커다란 괴리가 존재하였다. 전자는 교육부, 교육감 및 일반학교 간의 행정권한의 분산 및 이양을 염두에 두고 있었으며 후자는 일반자치와 교육자치의 연계·강화 및 통합을 염두에 두고 있었다.

6) 경찰청

교육자치와 더불어 기획적인 관점에서 지난 20여 년간 논의된 자치분권 과제가 자치경찰이었다. 김대중 정부가 광역단위의 자치경찰을 논의한 이후 노무현 정부는 기초단위의 자치경찰을 발의하였다. 이명박 정부와 박근혜 정부는 기초단위의 자치경찰을 논의하는 수준에 머물렀다.

문재인 정부는 권력기관의 개편이라는 국정과제 내에 자치경찰이 포함되어 추진의 동력을 확보하게 되었다. 권력기관의 개편을 위한 대안으로 검·경수사권 조정이 논의되었으며 자치경찰은 수사권의 확대로 인해 비대해지는 경찰력의 분산이라는 의의를 담고 있었다.

경찰청은 광역단위 자치경찰체 도입을 위하여 경찰법 개정 등의 법제화, 자치경찰제도 운영방안 마련, 자치경찰제 도입 관련하여 대·내외 공감대 형성이라는 과제를 추진하여 왔다.

사회의 안전 및 안정을 책임지고 있는 경찰청의 입장에서는 혁신적인 자치경찰의 제도에는 부정적이었다. 치안을 전제로 추진되는 자치경찰이었기 때문에 보수적인 대안이 주로 제안되었다.

7) 여당(더불어민주당) 정책위원회

문재인 정부의 자치분권은 여당이었던 더불어민주당의 전폭적인 지지를 받았다. 20대 국회는 물론 21대 국회에서도 자치분권에 우호적인 민주당의 성향은 매우 견고하였다. 여당 원내대표, 정책위원회 위원장, 상임위원회 위원장 등 모든 당직자가 자치분권에 우호적인 태도와 인식을 가짐으로써 법제화에 크게 기여하게 되었다. 자치분권을 담당하였던 행정안전위원회 위원장, 간사, 법안소위 위원들의 친 자치분권 태도는 다양한 이론에도 불구하고 자치분권 7법이 완성되는 결과로 이어졌다.

8) 대통령 비서실

대통령의 정책적 의지와 의중은 대통령실의 수석비서관 및 비서관을 통하여 행정부처로 전달된다. 자치경찰은 민정수석비서관실, 그 외 대부분의 자치분권 과제는 정무수석비서관실이 담당하였다. 자치분권 이슈에 대한 강력하고 신속한 대응은 부처가 일관성을 유지하면서 자치분권을 추진할 수 있었던 추동력이 되었다. 21대 국회에서는 이들이 국회의원이 되어 관련 과제를 처리하게 되어 생산성이 매우 높았다. 자치분권 과제에 남다른 애정과 관심을 가졌기 때문이다.

9) 지방정부 측의 참여

(1) 지방정부의 참여

문재인 정부가 자치분권을 추진함에 있어서 함께 참여한 중요한 정책행위자에는 중앙부처 외에 지방정부, 지방정부협의회, 시민사회 및 지방분권협의회, 지역언론 등이 있다. 이들은 자치분권의 옹호세력으로서 처음부터 끝까지 자치분권의 성공적 추진을 위해 매우 적극적이었다.

자치분권을 중앙-지방의 관계에서 지방정부로의 권한이양으로 볼 때 지방정부는 매우 중요한 수혜적 당사자이다. 자치분권에 의하여 강해진 행·재정 권한을 바탕으로 지역주민들에게 고양된 행정서비스를 제공하여야 하는 책무를 지니고 있다. 따라서 지방정부들은 직·간접적으로 관련된 제도의 개정 과정에 다양한 의견을 제시하였다.

특히 시·도와 100만 이상의 대도시, 50만 이상의 수부도시들은 관련 규정의 개정에 매우 강력한 의견을 제시하였다. 시·도는 광역단위의 자치경찰을 논의하는 과정, 100만 이상의 대도시와 50만 이상의 수부도시들은 특례시 제도에 관해 다양한 의견들을 제시하였다.

자치경찰이 전면적으로 시행된 2021년 7월 1일 이후에는 설치된 시·도자치경찰위원회도 자치경찰에 관하여 의견을 제시하기 시작하였다.

(2) 지방정부협의회(지방4단체 협의회)

자치분권을 추진함에 있어서 지방정부의 참여도 매우 긍정적이었음은 앞에서 논의하였다. 지방정부들은 이해관계가 얽힌 개별과제에 개별적으로 의견을 표시하기도 하지만 지방정부가 참여하고 있는 각종 협의회를 통해서도 의견을 개진한다.

현행 지방자치법에 따르면 4개의 지방정부협의회가 법적으로 활동하고 있다. 대한민국시·도지사협의회, 대한민국시·도의회의장협의회, 대한민국시장·군수·구청장협의회, 대한민국시·군·구의회의장협의회가 공식적인 지방정부의 협의회로서 활동하고 있다.

4개의 지방정부협의회는 때로는 공동으로, 때로는 개별적으로 각종 회의, 세미나, 간담회 등을 통하여 의견을 제시하였다. 특히 문재인 정부하에서 지방자치법 전부개정, 자치경찰의 출범, 재정분권 등의 과제 추진에 지방의 의견을 개진하였다. 2022년 1월 13일 개최된 제1회 중앙-지방협력회의에는 4개의 단체의 회장들이 지방의 대표로 참석하여 지방자치분권에 관한 의견을 제시하였다.

(3) 시민사회 및 지방분권협의회

문재인 정부의 자치분권 성공에 지방자치분권을 염원하는 시민사회 및 시민단체의 역할을 빼놓을 수 없다. 그동안 다양한 시민단체들이 지방으로의 자치분권을 위해 활동해 왔다. 각 지역에 구성된 시민단체들의 전국적 연대조직도 활발하게 활동하였다.

문재인 정부하에서는 지방분권(자치분권)협의회가 지방정부의 조례에 의하여 구성되었다. 조례의 제도적 뒷받침 하에 구성된 자치분권협의회는 민·관 거버넌스 조직이었다. 특히 전국적 연대회의를 정기적으로 개최하여 문재인 정부의 자치분권을 촉발하였다.

(4) 지역언론의 참여

문재인 정부 5년간 보여준 지역언론의 역할도 지대하였다. 자치와 분권 및 균형발전에 관한 한 지역언론은 매우 우호적인 태도와 지지를 보였다. 소재한 지역에 따라 다소 견해차가 없지는 않았지만 자치분권에 대해서는 대체적으로 통일적인 의견을 보였다.

2. 정책 행위자 간 정책연합

정책의 결정 및 집행에 있어서 정책행위자 간 정책연합 또는 정책네트워크의 그 중요성이 일찍부터 제기되었다. 정책네트워크는 정책이슈에 관련된 행위자 간의 연결망을 의미하며 이들 간의 행태 중의 하나가 정책연합이라고 할 수 있다.

자치분권에 관련된 정책의 입법은 크게 2가지 방식으로 입법화되었다. 첫째가 정부입법이고 둘째가 의원입법이다. 전자는 법률안의 발의를 행정부가 담당하고 후자는 의원들이 발의하는 경우이다.

정부발의에 의한 입법안은 소정의 절차를 거친다. 소관부처가 법률안을 기안하면 22일간의 입법예고와 법제처의 심의를 거쳐 차관회의, 국무회의를 거쳐 대통령이 국회에 발의하는 과정을 거친다. 통상

6개월의 기간이 소요된다. 혹 법률안에 대하여 부처 간 이견이 많을 경우에는 부처 간 조율의 기간이 더욱 소요된다. 정부발의에 의한 법률은 통상 정부의 상징성을 띠게 된다.

의원발의에 의한 법률안은 의원들이 정족수를 획득하여 발의하는 경우이다. 비교적 짧은 기간 이내에 발의할 수 있는 장점을 지닌다.

문재인 정부가 추진하였던 자치분권 제도들은 때로는 정부발의로 때로는 의원발의라는 방식으로 추진되었다. 어떠한 방식이든 관련된 정책행위자 간 연합이 매우 탁월하게 작동되었다. 지방자치법 전부개정인 전자의 사례이며 자치경찰을 위한 경찰법 개정이 후자에 속한다.

문재인 정부하에서 정책연합의 특징은 매우 인상적이었다. 정부발의가 되었든, 의원발의가 되었든 간에 정책과정에 참여한 행위자들의 연계와 협력 및 연합은 매우 생산적이고 상호 호혜적으로 이루어졌다.

2단계 걸친 재정분권의 추진과정에서는 기획재정부, 행정안전부, 교육부, 국무조정실, 학회, 지방정부 4대 협의회, 여당 정책위원회 및 원내대표실, 대통령실 간에 매우 긴밀한 논의가 이어졌다. 자치분권 7법의 경우에도 관련 부처 등 정책행위자 간의 연합이 매우 긴밀하게 이루어졌다.

Ⅲ 국회 입법 타이밍의 포착

정부발의가 되었든 국회의원 발의가 되었든 발의된 법률안이 모두 국회의 본회의를 통과하는 것은 아니다. 무수한 법률안들이 국회의 임기종료로 폐기되어 왔다. 때로는 여·야 간의 쟁점이 해소되지 못해서, 때로는 국회의원들의 관심을 끌지 못해 발의된 상태로 폐기되는 사례가 부지기수이다.

국회의 중요한 기능 중의 하나가 법률안의 심의·의결하는 것이지만 연 365일 내 입법에 사용되는 시간은 많지 않다. 국정감사, 예산안 심의, 대정부 질문, 기타 정치적 사안의 처리 등에 소요되는 시간이 대부분이다. 정치적 상황이 복잡하게 진행될 때에는 국회의 정상적인 활동보다도 장외 활동이 두드러지기도 한다.

문재인 정부가 달성한 자치분권 7법의 입법적 성과를 시기별로 보면 2020년 1월 9일 제1차 지방일괄이양법, 2020년 12월 9일 지방자치법, 국가경찰과 자치경찰의 조직과 운영에 관한 법률, 2021년 6월 29일 중앙-지방협력회의법, 2021년 9월 27일 고향사랑기부금법, 2021년 9월 28일 주민조례발안법, 2022년 4월 5일 주민투표법안이 본회의를 통과하였다.

자치분권 7법 중 제1차 지방일괄이양법안만 20대 국회에서 처리되었고 나머지는 21대 국회에서 통과되었다. 20대 국회에서 폐기된 지방자치법안과 자치경찰법안이 21대 국회 개원과 함께 지방자치법안은 정부 최우선법안으로 자치경찰법안은 의원발의로 신속하게 제출되어 의결되었다.

국회의 입법환경을 매우 적절하게 활용한 전략의 성과라 할 수 있다. 2016년 4월 13일 실시된 제20대 국회의원 선거는 더불어민주당 123석, 새누리당 122석, 국민의당 38석, 정의당 6석, 무소속 11석으로 어느 정당도 과반수를 얻지 못했다. 과반의석이 없었던 20대 국회의 입법환경은 자치분권의 의결에는 안정적이지 못했다.

반면 2020년 4월 15일 실시된 제21대 선거는 당시 집권 여당이었던 더불어민주당의 압승이었다. 더불어민주당 163석, 미래통합당 84석, 더불어시민당 17석, 미래한국당 19석, 그 외 정의당 6석, 국민의당 3석, 열린민주당 3석, 무소속 5석으로 여권이 180석, 야권이 120으로 당시 여당이 압승한 선거였다.

국회의 과반수를 점하고 있는 여당에는 여당의 국정과제를 처리하는 데 매우 유리한 입법환경이었다고 할 수 있다. 정부는 유리한 입법환경을 10분 활용하여 자치분권 관련 중점법안을 처리하였다.

21대 국회가 여당 압승의 선거이었음에도 불구하고 21대 국회 개원 초기에 32년 만의 지방자치법 전부개정안, 75년 만의 자치경찰법안들을 신속하게 추진한 것은 전략적으로 매우 적절하였다. 21대 국회 초반에 강하게 추진하지 않고 더 좋은 입법을 위해 입법을 미루었다면 이후에는 입법화에 성공하지 못했을 가능성도 배제할 수 없었다.

2021년 전반기의 정치상황이 당시 여당에 매우 불리하게 펼쳐졌기 때문이다. 서울특별시장과 부산광역시장이 불명예스럽게 중간 사퇴하고 보궐선거가 실시되는 상황이 국회의 입법환경에 부정적인 영향을 미쳤다. 보궐선거의 빌미를 여당 시장들이 제공하였다.

Ⅳ 독립적인 자치분권의 추진주체 체제와 안정적 리더십

1. 자치분권의 독립적 추진체제

1) 지역균형정책과의 차이점

김대중 정부 이후 모든 정부는 지방분권과 지역균형발전을 지역정책의 두 축으로 삼았다. 정부에 따라 정책실행에 대한 비중의 차이는 있어도 계획에서만은 커다란 차이를 보이지 않았다. 적어도 두 정책의 목표와 이념은 정부 간에 차이점을 보이지 않았다.

또 하나의 공통점은 지방분권과 지역균형발전을 전담하는 대통령 자문기구를 독립적으로 운영하였다는 점이다. 지난 정부의 지역정책을 평가할 때 특히 지역균형발전 정책을 평가할 때 성과가 미진하다는 평가의 원인으로서 두 기구가 독립적으로 운영되어 정책 간 시너지 효과를 내지 못했다는 점을 강조하고 있다. 시민사회를 비롯하여 윤석열 정부는 두 기구의 통합이 지방시대를 여는 중요한 주체가 될 수 있다고 강조하고 있다. 두 기구의 통합을 위한 입법안이 공청회를 거쳐 국회에 제출되었다.

필자의 생각으로는 기구의 독립성보다는 정책의 비중이 지역정책 성과의 차이를 낳았다고 보는 것이 타당하다. 각 정부가 보였던 정책의 비중이 자치분권과 균형발전의 성과 차이를 보인 것이다. 문재인 정부의 경우 역대 어느 정부보다도 자치분권 7법, 초광역 중심의 지역균형발전, 지역균형 뉴딜 등 지역균형발전에 남다른 성과를 냈다. 그럼에도 수도권으로의 인구집중이 지속된 점은 두 기구의 독립성 때문이라고 보는 것은 타당하지 않다. 자치분권과 지역균형발전 등 지역정책이 지역을 위한 원심력을 만드는 데 수도권으로 향한 시장의 구심력이 지역을 위한 정부의 원심력보다 강했다고 해석하는 것이 타당하다.

자치분권과 지역균형발전은 많은 면에서 상이하다. 경쟁과 효율성 이념의 자치분권과 평등과 형평성 위주의 지역균형발전을 단일 기구가 추진할 경우 득보다 실이 클 수 있다. 이제까지 지역대표들의 협의회 상황을 보면 더욱 자명하다. 대한민국 시·도지사협의회의 경우 자치분권에 관한 한 시장과 지사 간의 이론이 별로 크지 않은데 반하여 지역균형에 관한 이슈에 대해서는 의견의 차이가 매우 컸다. 대한민국시장·군수·구청장협의회의 경우도 유사하다.

지역의 단체장들에게 자치분권과 균형발전의 우선순위를 문의하면 십중팔구 균형발전의 중요성을 먼저 강조한다. 이런 점을 감안할 때 두 기구가 통합되면 자치분권은 크게 후퇴할 가능성도 배제할 수 없다.

문재인 정부 출범 시에도 두 기구의 통합에 대한 논의가 진지하게 진행되었다. 두 정책의 차이성에 기초하여 두 기구의 독립성을 유지한 당시의 결정이 매우 타당하였다. 그 결과 자치분권 7법, 2차례에 걸친 재정분권 및 정책적 성과를 창출하였다.

2) 경제적인 운영비용과 전략적 협치

문재인 정부하에서 자치분권위원회가 보인 2가지 장점은 운영비용과 운영방식에서 찾을 수 있다. 자치분권위원회의 직원은 중앙부처와 지방정부로부터 파견받아 충원되는 인원이 대부분이고 자체 직원은 15명 내외로 연간 운영비가 30억을 넘지 않았다. 비용대비 성과가 매우 우수한 조직이었다고 할 수 있다.

비록 국가균형발전위원회와 독립적인 지위를 지니고 있음에도 불구하고 각종 현안에 적극적으로 협력하는 협치를 보여주었다. 메가시티를 위한 협력방안 등이 대표적인 사례였다. 부·처 간의 협력을 필요로 하는 사업의 추진에 자치분권위원회와 국가균형발전위원회는 협치라는 관점에서 다양한 모범을 보여주었다.

2. 자치분권위원회의 안정적 리더십

끝으로 언급하고 싶은 사항이 자치분권위원회의 리더십이 안정적으로 운영되었다는 점이다. 문재인 정부 기간 2명의 위원장, 3명의 부위원장이 재임하였다. 그중에서 1명이 부위원장을 거쳐 위원장을 맡았다. 부위원장 1년 2개월, 위원장 대행 2개월, 위원장 3년 2개월 총 4년 6개월을 동일 인사가 자치분권위원회의 리더십을 맡아 자치분권위원회의 업무 지속성이 확보되었다. 자치분권 관련 이슈에 대한 전문성은 물론 정치적 상황을 잘 인지하고 있는 리더십의 유지는 자치분권의 성과에 매우 긍정적이었다. 다양한 행위자 간의 협의와 조정에 매우 적극적인 태도를 보였다.

자치분권위원회가 존속하였던 문재인 정부 4년 6개월 동안 자치분권위원회에서는 2명의 인사가 직접적으로 정책에 관여한 반면 3명의 행정안전부 장관, 2명의 국회의 행정안전위원장, 5명의 대통령실

정무수석, 4명의 자치발전비서관, 2명의 경찰청장, 5명의 자치경찰 추진단장, 5명의 자치분권 기획단장이 각각 자치분권을 담당하였다.

6장
문재인 정부의 자치분권 미완의 과제

I 자치분권형 헌법무산

문재인 정부는 자치분권 개혁을 강하게 추진하여 앞 장에서 논의한 바와 같은 성과를 거두었다. 그럼에도 불구하고 대통령 후보로서의 공약이나 초기 계획에 미흡한 부분이 없지 않았다.

문재인 대통령 후보는 19대 대통령 선거 기간에도 지방자치와 지방분권의 중요성을 매우 강하게 주장하고 공약하였다. 문재인 정부가 출범한 이후에는 자치분권과 균형발전이 궁극적인 우리나라의 발전상이 되어야 한다는 이념하에 구체적으로 주민주권의 구현, 제2국무회의의 설치, 자치단체의 지방정부화, 자치권의 강화 등을 구체적으로 제시하였다.

문재인 정부 출범 이후 행정안전부는 이를 토대로 2017년 10월 자치분권 로드 맵을 작성하였다. 이의 실질적 이행을 위하여 2018년 3월 자치분권형 헌법을 발의하였다. 1987년 10월 29일[1] 제9차 헌법

개정 이후 32년 만에 자치분권형 헌법 개정안이 국회에 제출된 것이다.

국회는 헌법개정특위(개헌특위)를 설치하여 1년 6개월을 활동하였으나 결과를 창출하지는 못했다. 국회의 무관심으로 헌법개정이 무산되면서 자치분권형 헌법개정은 미완의 과제로 남겨지게 되었다.

자치분권형 헌법개정이 무산됨에 따라 문재인 정부의 자치분권은 법령의 개정을 통하여 추진하는 방향으로 선회하였다. 대표적으로 제2국무회의 설치 공약이 "국무회의"가 헌법용어이기 때문에 불가피하게 "중앙-지방협력회의"로 수정되었다.

헌법에서 사용하고 있는 지방자치단체라는 용어를 불가피하게 사용할 수밖에 없게 되었다. 이미 강학상 또는 실무에 있어서는 지방정부라는 용어가 사용되고 있음에도 불구하고 공식적 문서상에는 시대에 부합되는 않는 자치단체라는 용어를 사용하게 됨으로써 지방정부의 위상을 격하시키는 인상을 주고 있다.

향후 기회가 되면 자치분권형 헌법개정이 적극적으로 추진되어야 한다. 윤석열 정부가 출범한 이후에는 집권 여당인 국민의힘 단체장들이 헌법개정의 필요성을 제기하고 있다. 현재 여당인 국민의힘 당적을 가진 도지사가 회장으로 재임하고 있는 대한민국시·도지사협의회에서도 자치분권형 헌법의 필요성을 제기하고 있음에 기대가 더욱 크다(박관규, 2022).

1 2012년 10월 29일부터 이날을 '지방자치의 날'로 지정하고 기념하고 있음.

Ⅲ 지방자치법 미완의 규정

지방자치법이 만 32년 만에 2020년 12월 9일 전부 개정되는 성과가 있었음에도 불구하고 뒤돌아보면 몇 가지 아쉬움이 남는다. 그동안 지방자치법은 여·야의 합의를 전제로 개정되는 국회의 관행이 존재하였다. 당시의 정치적 상황을 고려할 때 이러한 국회의 좋은 전통위에 여·야 간의 합의를 이루지 못한 부분은 삭제될 수밖에 없었다. 이를 정리하면 아래와 같다.

1. 주민자치회 관련 규정 삭제

현재 우리나라 주민자치의 조직으로 주민자치위원회와 주민자치회 등 2가지 제도가 병존하고 있다. 1999년 김대중 정부가 출범시킨 주민자치위원회와 2013년 박근혜 정부하에서 시범적으로 도입된 주민자치회이다. 주민자치위원회를 주민자치회로 전환한다는 대원칙하에 주민자치회의 수를 시범실시를 통해 확대해 왔다. 제도적 근거는 지방자치분권특별법에서 규정하고 있는 주민자치의 시범적 실시 규정이다. 2013년 39개의 시범 실시지역이 문재인 정부가 마칠 무렵인 2022년 3월 기준으로 1,098개가 설치되었다.

주민자치회의 시범실시는 지방자치분권특별법에 기초하고 있기 때문에 일반법인 지방자치법으로 제도적 근거를 변경코자 하였다. 그러나 당시 야당의 반대로 주민자치회 관련 규정은 전부·개정되는 지방자치법에 포함되지 못했다. 당시 야당이었던 국민의 힘은 주민자치회의 구성과 운영이 당시 집권당인 더불어민주당을 위한 것이라는 오해가 매우 강했다. 당시 집권 여당이었던 더불어민주당의 정치적 뿌리가 주민조직인 경우가 많았다는 현실에 초점을 맞춘 듯하다.

2. 광역자치단체의 조직권 확대 무산

지방정부들은 1991년 지방의회가 구성된 이후 지속적으로 자치조직권의 확대를 위해 노력했다. 현재는 고위직을 포함한 일부 직제를 제외하곤 자치조직권이 크게 확대되었다. 제한되고 있는 부분이 부단체장의 수와 직급이다.

지방자치법 전부개정 정부안에는 광역지방정부의 부단체장 수를 증원하는 내용이 포함되었었다. 그러나 국회의 논의를 거치면서 관련 규정이 삭제되어 부단체장의 증원은 무산되었다.

지방자치법 정부안의 경우 특별시의 경우 5명, 광역시와 도의 경우 3명(인구 800만 명 이상의 경우 4명)까지 부단체장을 임명할 수 있었다. 그러나 부단체장의 수를 증원하는 안은 논의과정에서 폐기되었다. 관련 규정의 삭제는 부단체장의 수를 증원하지 못해서라기보다 지방정부가 요청하였던 자치조직권의 확대가 무산되었다는 점에서 아쉬움이 남았다.

3. 지방자치법상의 자치경찰 사무 미규정

문재인 정부하에서 경찰사 75년 만에 자치경찰제가 2021년 7월

1일 전면적으로 도입되었다. 자치경찰을 위한 경찰법 개정안에 따르면 국가경찰사무와 자치경찰사무가 분리되어 전자는 국가경찰이 담당하고 후자는 반국가·반지방의 성격을 띤 시·도경찰청이 담당하도록 하였다.

중앙부처의 특별지방행정기관이었던 각 지방경찰청이 시·도경찰청으로 변경되는 개혁이 이루어졌다. 후자를 통해 경찰기능 중에서 자치경찰의 기능이 수행되는 것이다.

그럼에도 불구하고 지방자치법의 자치사무에 관한 규정은 이를 반영하지 못했다. 교육 기능 중에서 지방정부의 자치교육사무를 인정하고 이를 지방자치법에서 규정하고 있다. 이와 마찬가지로 자치경찰사무도 원론적인 사항만이라도 지방자치법에서 규정하는 것이 바람직하다.

4. 기관구성의 다양화 후속법률 미완

우리나라 지방정부는 매우 다양하다. 인구 9,000명 수준의 울릉군, 인구 135만의 수원특례시가 기초지방정부의 차이이다. 광역의 경우 인구 35만의 세종특별자치시와 인구 1,300만의 경기도가 병존하고 있다. 그럼에도 우리나라의 지방자치법은 이를 단일·획일적으로 규정하고 있다.

이런 관점에서 2020년 12월 입법화된 지방자치법의 가장 큰 특징은 향후 지방정부의 특색에 맞추어 기관구성을 다양화할 수 있는 제도적 근거를 마련하였다는 점이다. 적어도 우리나라에서도 기관통합형의 형태도 활용될 수 있는 제도적 근거를 마련하였다.

그런데 이를 위한 후속법률의 미비로 구체적인 실행단계에는 이르지 못했다. 향후 법률의 내용에 따라 지방정부의 다양성이 반영될 수 있을 것이다.

현재 지역에는 인구감소로 인하여 지방소멸의 위험이 커지고 있다. 구조적인 비용을 절약하고 시대적 상황에 적합한 지방자치의 운영이 점차 요구되고 있다. 이런 관점에서 기관구성의 다양성이 활용되길 기원한다.[2]

5. 일괄이양법의 변형

1999년 중앙행정권한의 사무이양이 개시된 이후 학계에서 주장한 내용 중의 하나는 단위사무별 이양이 아니라 지방으로의 사무이양이 확정된 행정사무들을 일괄법에 담아 일괄적으로 이양하는 방식의 도입이었다. 그동안 국회는 상임위원회 소관주의를 앞세워 일괄법의 주장을 수용하지 않았다.

문재인 정부는 어려운 협의과정을 거쳐 2018년 여·야 간에 일괄법을 수용하기로 합의하고 2020년 1월 제1차 지방일괄이양법을 제정하는 성과를 거두었음은 앞에서 논의하였다. 역사적인 성과물이었다.

자치분권위원회는 문재인 정부 내에 자치분권 지방일괄이양법을

2 지방자치단체장의 선출방식 다양화, 지방자치단체장의 권한 분산 등을 규정하는 "지방자치단체의 기관구성 형태 변경에 관한 특별법"이 2022년 10월 4일 김영배 의원의 대표발의로 국회에 계류 중임.

관행으로 남기기 위하여 제2차 지방일괄이양법의 제정을 신속하게 추진하였음도 앞에서 논의하였다. 그런데 제2차 지방일괄이양법은 당시 야당인 국민의 힘 반대로 무산되고 부처별 일괄법이라는 변형을 선택할 수밖에 없었다. 부처별 일괄법의 추진으로 국회의 상임위원회별로 이미 입법화된 부분도 있지만 제2차 지방일괄이양법이 무산된 점은 아쉬운 부분이다.

Ⅲ 자치경찰의 모형 전환

1. 1원화 모형으로의 변경

20대 국회에 제출된 자치경찰안은 2원화 모형이었다. 현재 경찰인력 중 43,000명을 분리하여 자치경찰로 편입하는 것이었다. 자치경찰사무이양에 따라 3단계로 나누어 43,000명을 분리하는 계획이었다. 안정적인 치안력의 배분을 통하여 자치경찰을 순차적으로 도입하여 시·도에는 국가경찰을 수행하는 지방경찰청, 관할경찰서를 설치하고 자치경찰사무를 위하여 시·도의 자치경찰본부, 시·군·구에 자치경찰대를 설치하는 2원화 모형이었다. 지구대·파출소는 사무이양에 따라 원칙적으로 자치경찰로 이관하고 국가경찰의 산하에는 30% 수준의 광역순찰대를 설치하는 것이었다.

이러한 모형의 실행에는 수조 원의 재정이 소요되는 것으로 예상되었다. 2020년 1월에 닥친 코로나19 상황은 2원화 모형의 실행에 커다란 장애물로 등장하였다. 부득이 재정적 소요가 적은 1원화 모형으로 급선회하게 되어 아쉬움이 남게 되었다. 2021년 7월부터 도입된 자치경찰의 정체성에 대한 의문도 1원화 모형이 지닌 구조적인 문제점이었다. 그럼에도 자치경찰의 출범이라는 첫발의 의미는 매우 크다.

2. 자치경찰 소관기관의 미비

75년 만의 자치경찰의 제도적 근거는 "국가경찰과 자치경찰의 조직과 운영에 관한 법률"이다. 법률의 명칭에서 나타나듯이 국가경찰과 자치경찰을 동시에 다루고 있음에도 불구하고 소관부처는 경찰청 단독으로 되어 있다.

자치경찰은 지방자치의 중요한 기능임을 감안할 때 행정안전부가 자치경찰에 국한하여 공동으로 소관부처가 되어야 할 것이다. 이미 자치경찰의 논의과정에서 자치분권위원회를 중심으로 경찰청, 행정안전부는 자치경찰 논의의 중요한 파트너였다.

윤석열 정부 이후 행정안전부 산하에 경찰국을 설치한 것도 같은 맥락으로 이해될 수 있다. 경찰국이 자치경찰을 담당하고 있기 때문에 자치경찰에 관한 법령의 제·개정의 소관기관에 행정안전부가 포함되어야 한다.

Ⅳ 목표 직전의 재정분권

문재인 정부는 재정분권에 관한 목표를 매우 단순하고 쉽게 표현하였다. 국세와 지방세의 비율을 7:3을 넘어 6:4로 전환한다는 것이었다. 이를 위하여 제2단계에 걸친 재정분권을 시도하였다. 2단계에 걸친 재정분권 개혁은 모두 재정분권특별위원회라는 TF를 통해 대안을 마련하는 방식을 택했다.

앞 장에서 논의한 바와 어려운 논의과정을 거쳐 나름 성공적인 재정분권의 성과를 낳았다. 2단계 재정분권이 완료되는 2023년이 되면 지방재정이 13.8조 원이 확충될 예정이다.

제2단계의 재정분권은 문재인 정부의 후반기에 추진되었던 터에 관련부처의 음성적인 반대도 적지 않았다. 관련 부처들의 이견을 조정하고 성공시킨 제2단계의 재정분권은 역사적인 개혁이었다고 할 수 있다. 그럼에도 불구하고 국세와 지방세의 비율은 72.6:27.4로 7:3에 다소 미치지 못하고 있음이 아쉽다.

Ⅴ 지방선거제도 미비와 지방행정체제 개편의 아쉬움

자치분권 종합계획에는 포함되어 있었으나 가시적인 성과가 낮은 부분이 지방선거제도와 지방행정체제에 관한 부분이다. 지방행정체제에 관해서는 32년 만에 개정된 지방자치법에서 경계조정의 권한 및 절차, 특례시의 도입, 특별지방자치단체의 지정절차 등이 새롭게 도입되어 나름 성과가 있었다. 다만 인구감소 등을 고려한 시·도 및 시·군·구의 구조개편은 논의되지 못했다(김순은, 2021g).

지방선거와 관련해서는 이전부터 기초선거의 정당공천제, 교육감 선거제도의 개선 등이 논의되어 왔다. 민선 제8기 지방선거가 종료된 이후에도 교육감 선거를 개선하여야 한다는 주장이 다수 제기되었다. 그럼에도 정부 차원에서 공식적으로 교육감 선거 등 지방선거의 제도개편을 위한 논의는 진행되지 못했다.

7장
자치분권의 향후 과제

I 자치분권의 모형

1. 자치분권 모형별 현황

향후 자치분권을 추진함에 있어서 지향점으로서 모형을 결정하여야 한다. 자치분권의 모형은 기준에 따라 다양하다. 지방정부의 형태에 따라 분권강화 지방정부형(Highly autonomous local government), 지역정부형, 연방제형으로 내분된다. 권한배분의 방식에 따라 대칭적 자치분권, 차등적 자치분권으로 나뉜다. 정부 간 관계에 따라 지도·감독형, 협력적 거버넌스형 등으로 대분된다.

문재인 정부는 분권강화 지방정부형을 토대로 지역정부형을 시도하였다. 기존의 17개 시·도 및 226개 시·군·구를 중심으로 자치분권을 실행하여 왔다. 지방자치법 전부개정에 따라 특별지방자치단체의 설치가 가능해 짐에 따라 시·도를 통합하는 초광역메가시티를 시도하였다.

부산·울산·경남지역이 최초로 부울경특별연합이라는 메가시티가 2022년 4월 승인, 4월 19일 지원협약식이 체결되었다.[1] 그 외에 2023년 상반기를 목표로 대구·경북, 2024년을 목표로 충청권과 광주·전남의 지역이 초광역협력체제를 구축하려고 하고 있다. 그러나 2022년 통합 8대 지방선거 이후 단체장의 교체로 부울경특별연합의 추진이 어려움에 직면하였다.

기초지방정부 수준에서도 지리산권 7개 시·군, 휴전선 접경지역 10개 시·군, 경기 남부 8개 시를 중심으로 K반도체 경기남부연합 등이 현재 활발하게 논의되고 있다. 정부 간 관계의 관점에서는 지도·감독형에서 협력적 거버넌스형으로 전환되었음은 앞 장에서 상세하게 논의하였다.

각종 특구와 특례, 특별자치도, 특별자치시 등을 고려하면 우리나라는 차등분권의 모형을 따르고 있다. 이미 지방자치법은 시·도와는 차별되는 지방정부로서 특별자치도와 특별자치시를 광역주체로 제도화하고 있다. 2022년 5월에는 "강원특별자치도 설치 등에 관한 특별법"이 제정되어 강원도가 두 번째 특별자치도로 입법화되었다. 12월에는 전북특별자치도에 관한 법률도 국회의 의결을 거쳤다. 동시에 그동안 논의만 되었던 지역소멸 지역에 대한 지원제도가 "인구감소지역 지원특별법"이 제정되었다. 각종 새로운 특례가 도입되는 결과로 이어졌다. 이를 상술하면 다음과 같다.

---

1 민선 8기의 출범 이후 새롭게 당선된 단체장들의 이해관계가 상이하여 문재인 정부하에서 의욕적으로 추진되었던 메가시티를 위한 특별연합이 좌초될 전망임. 경제동맹이라는 새로운 틀하에 통합을 목적으로 추진한다고 함.

2. 우리나라의 특례제도

1) 일반특례

우리나라의 특례제도는 크게 행정수요와 지역균형발전의 측면에서 발전되었다. 거주인구와의 관련성이 낮아도 행정수요의 관점에서 독자적인 행정수요가 발생하여 이에 대응하는 특례이다. 여기에는 도서지역, 산촌, 해안, 미군부대, 접경지역 등을 대상으로 한 특례를 들 수 있다. 이들의 제도적 근거는 접경지역지원법, 도서개발촉진법, 동서남해안 및 내륙권 발전특별법, 임업 및 산촌 진흥촉진에 관한 법률, 주한미군 공여구역 주변지역 등 지원특별법, 신발전지역육성을 위한 투자촉진특별법, 서해5도 지원특별법이 있다. 특례의 내용은 정주 및 생활시설 지원, 거주민의 우선고용, 국고보조금, 조세 및 부담금 감면, 국고 보조율 인상 및 교부세 지원, 사회간접자본 지원 등이 있다.

두 번째는 지역균형발전의 차원에서 비수도권의 지역을 발전시키기 위한 정책과 관련되어 있다. 여기에는 지역균형발전의 정책으로 도청이전, 혁신도시의 건설, 기업도시개발 등을 지원하고 이에 따른 특례를 도입하였다. 제도적 근거로는 도청이전을 위한 도시건설 및 지원에 관한 특별법, 혁신도시 조성 및 발전에 관한 특별법, 기업도시개발특별법 등이 있다. 특례의 내용은 교통, 학교 설립·운영, 주택공급 등의 특례 및 조세감면 등의 재정특례가 포함된다.

최근에는 지방의 인구소멸 등에 대응한 특례가 도입되었다. 주로 최근 개정된 국가균형발전특별법을 통한 특례이다. 국가균형발전특별법은 성장촉진지역을 대상으로 사회간접자본의 정비, 교육·문화·관광시설 확충, 농림·해양·수산업 지원, 주택건설 및 개량, 산업단지 지정의 특례가 포함되어 있다.

중앙부처 중 행정안전부와 국토교통부가 인구감소지역에 대한 특례로서 행·재정적 지원을 실시하고 있다. 행정안전부는 2000~2019년간 주민등록상 인구가 감소한 인구 10만 이하의 시·군 중에서 다음 요건 중 1개 이상의 곳에 행·재정적 지원을 하였다.

- 2000년 이후 2019년까지 10% 이상의 인구감소율
- 최근 5년간 평균 20% 이상의 고령화율인 지역
- 최근 5년간 평균 하위 50%의 생산가능인구의 비율인 지역
- 인구 10만 이상의 시·군 중 2000~2019년 인구감소율이 15% 이상인 지역

국토교통부는 "생활환경이 열악하고 개발수준이 현저하게 저조하여 해당 지역의 경제적·사회적 성장을 촉진하기 위하여 필요한 도로, 상수도 등의 지역사회기반시설의 구축 등에 국가와 지방자치단체의 특별한 배려가 필요한 지역"으로 성장촉진지역을 소득, 인구, 재정상태, 접근성 등을 고려하여 지정한 이후 행·재정적 지원을 실시하고 있다.

21대 국회 내에서도 다수의 법률안이 발의되어 있었다. 서삼석 의원의 "인구소멸위기 지역 지원특별법안," 이원택 의원의 "지방소멸위기지역 지원을 위한 특별법안," 배준영 의원의 "인구감소지역 발전

특별법안," 김형동 의원의 "지방소멸 위기지역 지원 특별법안," 김승남 의원의 "지방소멸위기 지역 지원특별법안," 이만희 의원의 "지방소멸위기 지역 지원 특별법안," 한병도 의원의 "인구감소지역 지원 특별법안," 서영교 의원의 "지방소멸 대응 특별법안," 추경호 의원의 "지방소멸위기 대응 특별법안," 서일준 의원의 "지방소멸 위기 대응 특별법안" 등이 2022년 5월 지역인구 감소지역에 대한 특별법으로 통합·심의 및 의결되었다. 2022년 5월 의원들이 발의한 각 법률안이 국회 행정안전위원회 대안으로 통합되어 2022년 5월 29일 본회의를 통과하였다. 2023년 1월 1일부터 시행된다.

각 국회의원들이 발의하였던 특별법들은 다소 법안마다 차이는 있지만 다음과 같은 특례를 규정하고 있었다.

- 사회기반시설 설치 및 유지·보수 지원
- 입주기업에 국·공유재산의 임대 및 매각 가능
- 주택취득자 양도소득세 및 취득세 감면
- 거주, 취업, 창업, 출산 등 지원
- 이전 및 창업기업의 법인세, 취득세, 상속세, 증여세 등 감면
- 이전기업에 부지제공, 공유재산 무상대부 및 사용지원
- 보건, 의료, 교육, 문화, 관광 등의 분야에 대한 지원과 과세특례

2) 지방자치법 상의 추가특례

(1) 추가 특례의 필요성

이 외에 지방자치법상의 추가 특례가 적용된다. 이제까지의 특례

로도 지방의 인구감소 및 소멸 위험의 가능성이 해소되지 않았다. 정주여건의 악화, 고령인구의 증가, 생산가능인구의 감소와 인구감소 등으로 자율적 자치역량이 오히려 크게 훼손되고 있다. 이를 해결하기 위해서는 실질적인 행정수요가 급증하고 있다. 중앙-지방의 협력적 거버넌스 하에서 종합적인 대책이 필요하다. 궁극적으로 인구감소의 시·군이 독자적인 자치분권의 주체가 될 수 있는 종합적 대책이 필요한 데 여기서 추가 특례의 필요성을 확인할 수 있다.

(2) 추가특례의 제도적 기초

3개의 법률이 시·군·구에 대한 추가특례를 규정하고 있다. "규제자유특구 및 지역특화발전특구에 관한 규제특례법," "국가균형발전특별법" 개정안, 지방자치법을 들 수 있다. "규제자유특구 및 지역특화발전특구에 관한 규제특례법"은 일본의 일반특구 및 구조개혁특구와 유사한 제도로서 시·군·구가 경쟁력을 갖춘 특화사업을 추진할 경우 중소벤처기업부에 신청할 수 있으며 다양한 특례를 규정하고 있다. 비수도권의 시·도를 대상으로 지역혁신성장사업, 지역전략산업, 규제자유특구를 지정한다.

국가균형발전특별법은 시·도를 대상으로 지역특화산업을 육성하도록 규정하고 있다. 인구감소지역의 선정기준과 지역특화산업의 육성사항을 명시하고 있다.

지난 1월 13일 발효된 지방자치법은 100만 이상의 대도시 특례와 더불어 "실질적 행정수요, 국가균형발전 및 지방소멸위기" 등을 고려한 대통령령으로 정하는 기준과 절차에 따라 행정안전부 장관이 지정하는 시·군·구(특·광역시, 자치시 제외)에 추가 특례가 가능하게 되었다. 지방자치법상의 추가 특례는 기존의 추가특례를 보완하는 관점에서 활용되어야 할 것이다.

(3) 지방자치법 상의 추가특례의 방안

① 추가특례의 지원요건과 내용

지방자치법상의 추가특례의 지원요건은 현재 활용되고 있는 기존의 기준을 활용할 수 있을 것이다. 행정안전부가 인구감소지역의 요건으로 하고 있는 인구감소율, 고령인구비율, 생산가능인구비율 등과 국토교통부가 성장촉진지역의 기준으로 하는 인구, 소득, 재정, 접근성의 지표를 활용할 수 있을 것이다.

현재 논의될 수 있는 추가특례의 내용으로는 명칭, 행정사무권한, 조직, 재정, SOC 인프라, 국토 및 자원관리 등이다.

② 지원 내용의 범위

지원 내용의 범위는 앞에서 논의한 다양한 지방소멸대책을 위한 특별법의 성립여부와 관련하여 논의할 수 있을 것이다. 종합적인 패키지 내용을 담고 있는 지역인구감소 대책 특별법이 입법화되면서 배타적인 범위 안에서 추가특례를 고려할 수 있을 것이다. 여기서 유의하여야 할 점은 추가특례는 기존의 제도와 중복되지 않고 배타적인 성격을 띠어야 한다는 점이다.

이와 같은 점을 고려하여 지역마다 지역의 상황을 고려한 추가특례를 제안하여야 한다.

3. 향후 활용할 자치분권 모형

향후 윤석열 정부가 지향하는 자치분권은 접근방식에 따라 크게 3가지 유형으로 대분하여 논의할 수 있다. 보수적 자치분권, 전략적 자치분권, 혁신적 자치분권이다. 정의와 그 내용을 분석하면 아래와 같다(〈표 7-1〉 참조).

표 7-1. 자치분권의 접근방식

<table>
<tr><th colspan="2">구 분</th><th>보수적 자치분권</th><th>전략적 자치분권</th><th>혁신적 자치분권</th></tr>
<tr><td colspan="2">정의</td><td>- 기존의 방식으로 수행</td><td>- 추진전략상 내용을 포함</td><td>- 지역소멸, 시대적 상황대응 혁신전략</td></tr>
<tr><td rowspan="7">내용</td><td>계층제</td><td>- 17 시·도, 226개 시·군·구</td><td>- 광역협력체제 활용</td><td>- 시·도 및 시·군·구 통합</td></tr>
<tr><td>기관구성</td><td>- 단일 기관분리형</td><td>- 소극적 활용</td><td>- 적극적 활용</td></tr>
<tr><td>재정분권</td><td>- 현 수준</td><td>- 국세 지방세 7:3 목표로 추진</td><td>- 국세 지방세 7:3, 국고보조금 정리</td></tr>
<tr><td>자치교육</td><td>- 일반자치와 교육자치의 연계·협력 강화</td><td>- 일반자치와 교육자치의 연계·협력 강화</td><td>- 일반자치와 교육자치의 통합</td></tr>
<tr><td>자치경찰</td><td>- 국가경찰 중심형 자치경찰의 발전</td><td>- 2원화 모형의 자치경찰</td><td>- 자치경찰 중심형 일원화 모형의 강화</td></tr>
<tr><td>지방선거</td><td>- 현행 유지</td><td>- 지방의원 중선거구제
- 교육감 선거의 개선</td><td>- 기초선거의 정당공천 배제
- 교육감 선거의 개선</td></tr>
<tr><td>자치권</td><td>- 단위사무별 지방이양</td><td>- 일괄이양법 방식</td><td>- 일괄이양법
- 자치분권형 헌법개정</td></tr>
</table>

1) 보수적 자치분권

(1) 정의

앞 장에서 보수당 정부의 자치분권은 상세하게 논의하였다. 자치분권에 관한 종합계획은 비교적 짜임새 있게 수립되었으나 실행의 성과는 매우 제한적이었다. 중앙행정권한의 단위사무별 지방이양이 주류를 이루어졌다. 윤석열 정부가 향후 어떠한 방식으로 자치분권을 추진할지는 아직 명확하지 않다. 다만 과거 보수당 정부의 방식으로 자치분권을 접근할 경우 보수적 자치분권으로 정의할 수 있을 것이다.

(2) 정책내용

보수적 자치분권형을 따를 경우 행정계층은 기존의 시·도와 시·군·구를 활용할 것이며 기관형태도 통일적으로 기관분리형이 될 것으로 전망된다. 문재인 정부하에서 도입된 기관구성의 다양성이 활발하게 논의될 가능성은 크지 않다.

재정분권은 재정자주도의 개념 도입으로 지방세의 확충보다는 지방교부세를 중심으로 논의될 것이다. 여기에 인구감소 및 지방소멸 등의 상황을 고려하여 지방교육재정교부금의 개선 등이 더해져 자치교육과 일반자치의 연계·협력방안 등이 논의될 것이다.

1원화 모형에 대한 시·도의 불만을 고려할 때 자치경찰의 개선방안 등이 논의될 것이다. 여기에는 국가조직인 시·군·구 경찰서 상황실에 배치된 지구대·파출소를 자치경찰로 이전하는 대안 등이 제시될 수 있다. 현재 알려진 바에 따르면 제주, 세종, 강원도를 대상으로

2024년부터 2원화 모형의 자치경찰을 시범적으로 실시할 계획이다.

지방선거의 개선방안에 대해서는 소극적으로 접근할 것이며 지방정부로의 자치권은 단위사무별 지방이양이 주류를 이룰 것이다. 문재인 정부하에서 제2차 지방일괄이양법이 국민의 힘 의원의 반대로 부처별 지방일괄이양법으로 불가피하게 우회적인 방식이 활용되었던 점을 고려할 때 일괄이양법의 추진은 기대하기 어렵다.

2) 전략적 자치분권

(1) 정의

기본방침은 자치분권에 소극적이지만 지방의 강력한 요구를 수용하는 차원에서 전략적으로 대응하는 모형이 전략적 자치분권 모형이다. 제20대 대통령 선거에서 자치분권과 균형발전은 중요한 선거공약이 아니었다. 특히 윤석열 대통령은 후보시절 자치분권에 관한 공약은 거의 발표하지 않았다.

그럼에도 불구하고 당선 이후 당시 야당(국민의 힘) 시·도지사의 건의를 수용하여 대통령직 인수위원회 산하에 "지역균형발전특별위원회"를 설치하고 4월 27일 3대 약속, 15개 과제의 제시를 통하여 지방분권과 균형발전에 관한 정책방향을 제시한 것이 대표적인 예이다. 국가균형발전위원회 산하에 자치분권특별위원회를 신설하여 자치분권의 추진의지를 보인 것도 여기에 속한다.

(2) 정책내용

전략적 자치분권형을 따를 경우 행정계층은 초광역체제를 강조할 것이다. 메가시티를 위한 다양한 과제들이 적극적으로 활용될 것이다. 그럼에도 기관구성의 형태는 전통적인 기관분리형이 주류를 이루는 가운데 기관구성의 다양성은 소극적인 측면에서 논의될 것이다. 제주, 세종, 강원도를 중심으로 시범실시의 대상이 될 수 있을 것이다.

재정분권의 관점에서는 재정자주도를 비롯하여 문재인 정부에서 강조되었듯이 국세와 지방세의 비율을 7:3으로 맞추는 목표가 논의될 수 있다. 문재인 정부에서 매우 근접한 수준으로 달성되었기 때문이다.

자치교육과 자치경찰도 논의의 중심이 될 수 있다. 일반자치와 교육자치의 연계 및 협력방안이 적극적으로 논의될 가능성이 크며 자치경찰에 대해서는 2원화 모형으로의 발전도 논의될 수 있다. 두 과제 모두 시범실시의 대상으로 논의될 가능성이 크다. 윤석열 정부 출범 시의 지역균형발전특별위원회도 2원화 모형의 가능성을 높였다.

지방선거와 관련해서는 지방의원의 중선거구제와 교육감 선거의 개정이 논의될 것이다. 양당제와 정당공천의 폐해에 대응하기 위해서 중선거구제가 적극적으로 논의될 가능성이 높으며 교육감 선거에 대한 유권자의 무관심을 해결할 방안 등이 논의될 것으로 보인다. 제8대 통합지방선거의 유세가 진행되는 동안 교육감 선거의 폐해에 대한 유권자의 관심을 유도하는 논의들이 제기되었다.

중앙행정권한의 지방이양은 일괄법의 형식을 통하여 이루어질 가능성을 완전히 배제할 수 없다. 이렇게 된다면 문재인 정부가 시도하여 성공한 일괄법의 형식이 관행화되는 결과로 이어질 것이다.

3) 혁신적 자치분권

(1) 정의

혁신적 자치분권형은 지역의 인구감소와 소멸가능성, 저출산·고령화, 제4차 산업의 성숙 등 지역의 시대적 상황에 혁신적으로 대응하는 모형이다. 이 모형을 따를 경우 매우 포괄적이고 혁신적인 자치분권 과제들이 논의될 수 있다. 윤석열 정부 출범 이후 대통령의 발언, 특히 2023년 2월 10일 개최된 제3차 중앙-지방협력회의에서의 발언을 보면 미국 연방제와 유사한 자치분권의 필요성을 역설하였다. 이와 같은 방향으로 추진될 경우 혁신적 자치분권에 속할 것이다.

(2) 정책내용

행정체제의 관점에서는 시·도와 시·군·구의 통합방안이 적극적으로 논의될 수 있다. 조선시대의 8도 체제가 현재의 17개의 시·도로 분리되었던 과거와는 반대로 통합논의가 본격화될 수 있다. 민선 8기 출범 이후 동남권에서는 3개 시·도의 통합을 통한 경제동맹이 논의되었다. 인구가 감소하는 시·군·구의 통합도 같은 맥락에서 논의될 것이다.

행정체제의 혁신적 논의에는 기관구성의 다양화가 포함된다. 인구가 급격하게 감소되는 군의 경우 통합논의와 함께 기관구성의 다양화 등이 해답이 될 수 있다. 문재인 정부가 도입한 기관구성의 다양화제도가 적극적으로 활용될 것이다.

재정분권의 관점에서는 국세와 지방세의 비율이 7:3, 국고보조금 등의 논의가 활발해질 것이다.

자치교육과 자치경찰의 발전방향도 매우 혁신적이다. 교육자치와 일반자치의 연계와 협력을 넘어 혁신적인 통합논의가 제기될 수 있다. 교육영역에서는 대학교육과 지방정부와의 연계성을 높이는 방안이 강조되고 있다.

자치경찰의 경우에는 현재의 모형에서 지방중심이 강조되는 형태로 논의가 진행될 수 있다. 우리나라 경찰체제가 자치경찰 중심 일원화 모형이 강화되는 것이다.

혁신적 모형하에서는 지방선거, 특히 기초수준의 정당공천 배제가 매우 강하게 요구될 것이다. 더불어 교육감 직선제에 갈음하여 간선제 또는 단체장과의 런닝메이트 등이 논의될 전망이다.

중앙행정권한의 지방이양은 일괄법의 형식으로 추진될 전망이다. 자치분권형 헌법개정으로 자치권의 근본적인 보장이 이루어진다. 현재까지 윤석열 정부가 제시한 과제들을 분석하면 윤석열 정부의 자치분권은 전략적 자치분권 모형에 가깝다고 평가된다. 향후 전략적 자치분권형을 넘어 혁신적 자치분권형으로 발전되길 기원한다. 이를 정리하면 〈표 7-1〉과 같다.

Ⅱ 자치권의 강화

1. 자치입법권의 강화

주민주권과 주민자치가 우리나라 지방자치의 이념이라고 할 때 무엇보다도 지방정부의 자치입법권이 더욱 강화되어야 한다. 실질적인 조례 제정범위 확대 및 지방의회의 권한·역량 강화 등을 통한 자치입법권 강화가 이루어져야 한다.

제한된 범위 내에서 조례로 국민의 권리와 자유를 제한할 수 있는 조례의 제정 권한이 보장되어야 한다(헌법 제37조 제2항의 예외조항). 법령에 위반되지 않는 범위 내에서 조례제정권이 보장되어야 하며 이와 더불어 제한된 범위 내에서 주민의 신체적 자유를 구속할 수 있는 조례의 제정을 인정하여야 한다. 금고, 징역, 벌금, 구류 등의 형벌을 부과할 수 있도록 규정(제12조 제1항의 예외조항임)한다. 제한된 범위 내에서 주민의 재산권을 제한할 수 있는 조례를 인정하여야 한다(제23조 제1항의 예외조항임).

국회에 전속된 입법권을 국회와 지방의회가 분점하여야 한다. 법률의 제정권은 국회에 속하고 자치법률의 입법권은 지방의회에 속한다는 것을 헌법에서 규정하여야 한다. 상위법에 어긋나지 않거나, 상위법에서 규정하지 않는 영역에 대한 지방의회의 입법권을 반드시 보장하여야 한다.

자치입법권 강화를 위하여 지속적인 사무이양, 조례 대상사무 및 위임내용 확대, 지방의회 자치입법역량 제고, 의회 사무기구 입법기능 보강, 주민의 자치입법 참여 확대, 자치분권 사전협의 강화 등이 지속적으로 추진되어야 함은 물론이다.

2. 자치조직권의 강화

대전환기에 지방행정수요의 대응을 위한 탄력적 행정기구 운영 방안이 모색되어야 한다. 지방의 책임성을 전제로 한 자치조직권의 확대로 지방정부(지방의회 포함)의 조직운영의 자율성을 확보하여야 한다.

이를 위하여 기구설치 기준 및 보조·보좌기구 직급기준의 자율성이 확대되어야 한다. 인사권 독립에 따른 지방의회 사무기구 자율성 제고, 시·군·구 특례차원에서 기구설치 탄력성 확대, 기관구성형태의 다양화 및 기관구성의 변경 추진 시 조직 자율성 확대 등이 적극적으로 이루어져야 한다.

3. 자치재정권의 강화

지방정부의 자기결정권과 자기 책임성은 지방재정과 밀접하게 관련되어 있다. 이와 관련하여 지방정부의 과세자주권을 확대해야 한다. 제한된 범위 내에서 지방정부의 조례로 세목과 세율을 결정할 수 있는 권한을 보장하며 지방정부 간의 재정적 격차를 해소하기 위한 수평적 재정조정제도와 중앙정부의 수직적 재정적 지원을 보장해야 한다. 국세와 지방세의 비율을 7:3을 넘어 6:4로 제시함도 바람직하다.

문재인 정부하에서 달성한 제2단계 재정분권 시행을 위한 후속조치 마련 및 제3단계 재정분권 추진을 통한 지방재정 확충을 모색하여야 한다. 국세 중심의 조세구조 개편, 지방세 신세원 발굴 등 지방세 확충 및 지방재정 자립도 제고, 국고보조사업 제도 개편 등이 대상과 제들이다.

4. 주민자치의 강화

문재인 정부하에서 지방자치법을 중심으로 주민투표법, 주민조례발안법 등이 제·개정되어 주민자치의 제도적 토대가 마련되었다. 단체자치에서 주민자치로의 전환점을 마련하였다. 향후에는 이를 명시적으로 보장하는 제도로서의 헌법은 지방정부의 정치·행정권한은 주민주권에 기초하고 있다는 점을 명시해야 한다. 주민주권에 기초하여 주민발안, 주민소환, 주민투표, 주민감사청구제도, 주민옴부즈만제도, 주민참여예산제도, 주민소송 등 주민의 직접참정제도가 내실 있게 향후 보장되어야 한다.

주민자치의 강화를 위하여 주민자치회가 시범적으로 실시되고 있지만 아직도 미완의 상태이다. 지방자치법에서 주민자치회의 규정을 마련하여야 한다. 더불어 향후 주민자치의 활성화 차원에서 입주자대표회의 강화가 이루어져야 할 것이다.

입주자대표회의는 주민들이 대표를 선출하고, 선출된 대표들이 공동주택 내 문제들을 공동으로 해결하기 위해 설치된다. 제도적 권한, 재원 및 운영구조 등을 고려하였을 때 입주자대표회의는 공동주택의 공동체 활성화를 실현할 수 있는 주민자치 조직이다.

그러나 현재 입주자대표회의는 공동주택의 관리에 대한 의사결정기구에 초점이 맞추어져 있다. 도시공동체를 통하여 공동주택의 문제를 자율적으로 해결하기 위해서는 행정안전부와 관련 지방정부의 관심이 요구된다. 행정안전부와 지방정부는 입주자대표회의의 주민자치적 위상을 제고하고 입주자대표회의 회장이 리더십을 강화할 수 있는 프로그램을 개발하여 적극적으로 확대할 필요가 있다. 이러한 정책과 조치들은 주민자치의 이념하에 공동주택의 입주자대표회의가 도시 공동체의 역할을 성공적으로 수행하는 데 기여할 것이다.

5. 자치경찰의 강화

1991년 이후 30년의 지방자치에 대한 주민의 체감도가 왜 이리 낮을까? 그 이유 중의 하나는 주민들이 체감할 수 있는 지방정부의 영역이 제한되어 있기 때문이다. 우리나라는 지방정부의 고유한 영역인 경찰과 교육을 일반자치로부터 분리했기 때문이다.

제주특별자치도를 포함하여 2021년 7월 1일부터 1원화 모형의 자치경찰이 전면적으로 실시되었다. 주민의 생활 수요에 의한 자치경찰행정이 이루어졌지만 주민의 체감도는 물론 치안행정의 문제점도 노출되고 있다.

주민의 치안수요에 적절한 대처는 국가경찰제도보다는 자치경찰이 효과적이다. 현재 검·경의 수사권 조정으로 경찰의 권한이 강화되었다. 경찰의 수사권 확대에 이어 자치경찰의 확대와 발전이 논의된다면 경찰과 지방이 윈-윈하는 전략이 될 것이다.

6. 자치교육의 강화

교육행정의 경우에도 유사한 문제점을 안고 있다. 교육의 정치적 중립에 대한 오해와 잘못된 관행으로 교육행정이 일반행정으로부터 분리되어 지역발전의 종합행정적 접근을 저해하고 있다. 현재와 같이 시·군 지역을 중심으로 인구가 격감하는 상황에서 교육행정과 일반행정이 분리되어서는 지역발전을 기대할 수 없다.

우리나라의 높은 교육열을 감안할 때 지역발전은 좋은 학교와 밀접한 관계를 맺는다. 교육기관의 장에 의한 학교 프로젝트가 아니고 지방정부의 장에 의한 학교 프로젝트가 성공을 거둘 가능성이 더욱 크다. 향후 인구절벽 및 지방소멸의 가능성을 감안할 때 적극 검토되어야 할 과제이다.

7. 정당공천배제

1991년 지방자치가 재개되면서 지방자치의 활성화를 위한 많은 논의가 이어져 왔다. 그중에서 지방선거와 정당공천을 빼놓을 수 없다. 비록 정당의 영향력이 종전에 비해 떨어지고 있지만, 현대정치를 정당정치라고 하는 주장은 아직도 유효하다. 그럼에도 불구하고 한국 정치에서 정당의 역할과 기능은 많은 문제점을 낳았다. 정당의 참여가 오히려 지방자치를 퇴보시키고 있다는 각계의 비판에 따라 정당공천의 유보가 설득력을 얻고 있다.

정치권의 견해는 매우 다르다. 정당의 적극적인 참여가 적절한 인물 검증은 물론 정치발전에 기여한다고 판단하고 있다. 따라서 제도의 개선에 소극적이다. 오히려 1991년 당시와는 사뭇 다르다.

1991년 지방자치 선거와 정당공천에 관한 견해가 상반되게 나타나자 광역의원 선거는 정당공천을 허용하고 기초지방의원은 정당공천을 배제하는 절충안으로 제도를 마무리하였다. 그 후 기초지방정부 장의 선거에도 정당공천이 배제되어야 한다는 주장이 강했지만 기초 지방정부의 선거에 정당공천을 배제하는 제도는 이루어지지 못했다. 1995년 통합 지방선거 이후 2002년 선거까지는 이러한 제도가 계속 시행되었다. 그런데 2005년 정치개혁특별위원회는 지방의원에 관한 월정수당제, 기초의원의 비례대표제, 기초의회의 중선거구제도를 도입하면서 정당공천을 축소하기보다는 이제까지 정당공천이 배제되었던 기초의원에게 정당공천을 허용하는 쪽으로 제도를 결론지었다. 이에 대하여 지방분권이 오히려 퇴색되었다는 주장, 제도의 개악이라는 비판이 제기되기도 하였다.

정당이 민주적으로 운영되고 정당공천이 상향식으로 이루어지면 굳이 정당공천배제를 논의할 필요가 없다. 그러나 정당정치의 긍정적 측면보다 부정적 측면이 강한 현실을 감안하면, 정당의 민주화가 이루어질 때까지 정치적 통제수단이 되고 있는 정당공천을 유보하길 제안한다.

Ⅲ 자치분권형 헌법개정

상기에서 논의한 내용이 실현되기 위한 당면한 필요조건은 자치분권의 내용을 담은 헌법을 개정하는 것이다. 1999년 이후의 지방분권의 노력과 제주특별자치도, 강원특별자치도 및 전북특별자치도의 추진과정을 통해 우리나라의 헌법적 한계를 여실히 보여주고 있다.

우리나라의 헌법은 국민주권에 기초한 중앙집권체제를 규정하고 있다. 우리나라에서 정부라는 용어가 국가를 의미하고 정부는 중앙정부 즉 중앙행정부를 지칭하고 있다. 비록 문재인 정부하에서 32년 만의 지방자치법 전부개정과 중앙-지방협력회의의 설치 등으로 중앙-지방의 관계가 크게 개선되었으나 지방은 그저 중앙정부의 지시와 감독에 순응하는 자치단체를 벗어나지 못하고 있다는 비판이 여전히 제기되고 있다. 향후 자치분권으로서의 개헌은 이러한 중앙집권체제를 지방분권체제로 완성하는 것이어야 한다. 특히 다음과 같이 기본적 통치구조를 개편하고 용어의 선택도 이론적인 관점에서 적절하게 이루어져야 한다. 이러한 국가체제의 틀하에서 상기에서 논의한 자치분권 과제들이 반영되어야 할 것이다.

첫째, 총칙에는 중앙집권체제를 전제로 하는 국민주권 외에 주민자치를 뒷받침하는 주민주권과 분권국가임을 천명하는 조항이 포함되어야 한다. 중앙과 지방이 권력을 분점하는 통치체제의 천명이다.

둘째, 기본권을 규정하는 장에서는 지방의 자치권을 기본권의 하나로 규정한다. 지역주민의 자치권은 주민주권의 이론적 기초 위에 반드시 기본권으로 보장되어야 한다. 자치권 속에는 중앙정부가 법률로서도 훼손해서는 안 되는 지방자치의 본질이 보장되어야 한다. 자치권이 주민주권으로부터 나오는 것이기 때문이다.

셋째, 통치기구를 규정하는 장에서 국가는 중앙정부와 지방정부로 구성하며 중앙정부는 국회, 행정부, 사법부 및 헌법재판소, 지방정부는 지방의회를 포함한 지방정부의 행정기관으로 규정한다. 지방의 정치주체를 자치단체가 아니고 지방정부로 규정하여야 한다. 자치분권형 헌법 개정은 자치분권의 완성을 위한 것이다.

1. 자치분권국가의 선언

우리나라는 전통적으로 강력한 중앙집권국가이다. 그러나 중앙집권적 전통과 관행 및 제도가 변화된 시대적 상황에 적합하지 않다는 것과 현실적으로 제대로 작동되지 않는다는 것은 이미 오래전부터 확인되었다. 중앙집권체제하에서 이룩한 성과에 집착하여 새로운 시대적 상황에 적절하게 대응하지 못하는 오류를 반복해서는 안 된다. 중앙집권체제가 근대국가의 형성, 기간산업 토대의 구축 등에는 효과적이다. 반면 다양성을 전제로 지역의 창의성과 경쟁력을 제고함과 동시에 지역주민의 삶의 질 제고에는 부정적이다. 따라서 중앙집권체제가 효율적이라는 편견도 불식되어야 한다.

상기의 과제를 일거에 해결할 방안은 헌법에서 우리나라가 자치분권국가임을 선언하는 것이다. 대통령의 권한을 견제하는 수평적 분권에 관한 논의가 활발하였다. 이와 더불어 우리나라도 수직적 권력분립에 기초한 자치분권국가임을 명시적으로 밝힐 필요가 있다.

이러한 헌법적 선언은 각종 법령제도의 해석 근거와 향후 헌법을 해석함에 있어서 중요한 기준이 될 수 있다. 우리나라가 자치분권형 국가임은 국가의 이념과 국가의 형태 측면에서 명시할 수 있다. 국가의 이념은 헌법의 전문에서, 자치분권형 국가형태는 총강에서 규정할 수 있을 것이다. 이미 시민단체가 제안한 내용은 국가의 국체를 정의하는 헌법 제1조에서 민주공화국, 국민주권과 더불어 자치분권 국가를 선언하는 것이다. 2003년 헌법에서 지방분권국가를 명시한 프랑스의 헌법이 좋은 타산지석이 될 수 있다.

2. 지방자치의 본질에 대한 규정

지방자치가 헌법적으로 보장된 이후 지방자치의 본질에 관한 논의는 학자들은 물론 정치권에서도 합의를 이루지 못하고 있다. 지방자치법에서 지방정부의 다양한 사무와 기능을 규정하고 있음에도 중앙정부는 다양한 특별법의 제정을 통하여 지방정부의 권한과 기능을 통제·감시하고 있다. 중앙정부의 무분별한 통제와 관여는 지방자치의 본질을 훼손하는 결과로 이어진다.

이를 제도적으로 예방하기 위하여 헌법에서 지방자치의 본질에 관한 사항을 규정해야 한다. 헌법에서 지방자치에 관한 법률유보조항을 두는 경우에도 지방자치의 본질을 침해해서는 안 된다는 규정이 추가로 필요하다. 지방자치의 본질을 규정하게 되면 중앙정부가 법령을 통해 지방자치에 과도하게 관여하고 통제하는 것을 방지할 수 있다.

지방자치의 본질은 "지방정부와 지역주민이 자유 민주주의의 기본적 정신 아래 지역복지와 지역발전을 통한 지역주민의 풍요로운 삶을 위하여, 지역주민들이 정치적, 행정적, 재정적인 사항을 자기의 책임하에 자율적, 자립적으로 추진하는 권한, 즉 주민주권에 기초한 자치권의 행사"로 정의할 수 있다. 지역주민의 삶의 질을 제고하기 위한 자주결정권과 자기책임이 핵심이다. 지방자치의 본질은 가능한 한 지방이 자기책임의 기본정신 하에 자기의 문제를 자율적으로 해결한다는 가치이다. 단체자치의 전통에 의거한 국가 통일성은 필요 최소한으로 규정하여야 한다.

3. 지방정부를 지방의 통치주체로 인정

우리나라는 단체자치의 전통 위에서 지방의 정치적 주체성을 부정하는 지방자치단체라는 용어를 사용하여 왔다. 중앙정부가 지시·감독하는 범위 내에서 사무를 자치적으로 처리하는 행정주체라는 특성을 강조하는 용어이다. 헌법도 '지방자치단체'의 구성 및 운영에 관하여 규정하여 왔다.

지방자치의 본질이 헌법에서 인정되어야 하듯 지역주민들의 의사를 반영하는 지방의 정치주체는 '지방정부'로 보장되어야 한다. 지방정부는 지방자치의 본질에 기초하여 지방의 정치와 행정사무를 총괄하는 지방의 통치주체를 의미한다. 지방의 정치주체가 지방정부로 인정되어야 중앙-지방의 관계는 소위 "정부 간 관계"가 되는 것이다

(이기우, 2017). 문재인 정부에서 도입한 중앙-지방협력회의는 이러한 개념을 반영한 것이었다.

4. 지방정부의 종류

지방자치의 안정성을 위해 주민의 의사로 형성되는 지방정부의 종류를 헌법으로 보장하는 것이 요구된다. 지방정부의 종류를 헌법에서 명기하는 경우 분권강화 지방정부 모형에서는 광역과 기초지방정부를, 지역정부형에서는 지역정부와 기초지방정부를 규정한다. 연방정부형의 정부구조를 따를 경우에도 헌법에서 규정되어야 한다.

향후 헌법은 일반 지방정부 외에 지리적, 문화적, 역사적, 경제적 특수상황을 고려한 특별지방정부의 설치를 보장하여야 한다. 특별지방정부에 대한 정치·행정권한은 여타의 지방정부와 상이하게 부여할 수 있어야 한다. 예를 들면 강원 및 전북특별자치도, 제주특별자치도와 세종특별자치와 같은 특례를 헌법적으로 보장한다면 매우 체계적으로 제도의 형태를 구축할 수 있다.

5. 지방정부 형태(기관구성)에 관한 규정

지역주민의 의사에 기초하여 지방자치의 본질과 주민자치가 보장되는 지방정부 형태를 헌법에서 규정하여야 한다. 우리나라는 기관분리형의 지방정부 구조를 법률로 획일적으로 규정하고 있으나 앞으로는 지방정부의 구조를 지역주민들이 결정할 수 있는 제도적 보장이 필요하다.

지방정부의 기관 다양성을 인정하더라도 지방의회는 반드시 설치되어야 한다. 지방의회의 권한, 조직, 지방정부 장의 선거 등은 법률 또는 조례에 유보할 수 있다. 전국적으로 통일성이 요구되는 사항은 법률에 유보하고 지역 간 차별성이 인정되는 경우에는 조례에 위임하는 것이 타당하다. 인구가 급격히 감소하는 농촌지역은 기관분리형보다는 기관통합형의 구조가 보다 적합할 수 있다(김순은, 2017b). 물론 이 경우에도 최종의 선택은 지역의 주민들이 주민투표로 결정하여야 한다.

6. 중앙정부와 지방정부 간의 관계 명확화

1) 중앙정부와 지방정부의 역할

중앙정부와 지방정부 간의 역할을 명확히 재정립하고, 재정립된 역할에 충실한 정치·행정권한을 부여하여야 한다. 중앙정부는 글로벌 시대와 제4차 산업혁명 및 저출산·고령사회에 부응하는 기본원칙과 방향을 정하는 일, 국가의 안위와 보장에 관한 일, 글로벌 상황에 적절히 대처하기 위한 글로벌 기준의 설치 등의 역할을 수행하는 것이 적절하다. 지역 간의 균형발전을 추진하는 것도 중앙정부의 중요한 역할 중의 하나다. 반면 지방정부는 지역의 데이터를 토대로 자생적인 발전을 추진하는 역할을 수행한다. 종전의 의타적인 자세를 지양하고 자율적, 창의적인 관점에서 명실공히 지역발전의 주체가 되어야 한다.

지방정부의 역할과 위상을 강화하는 차원에서 문재인 정부가 창설한 중앙-지방협력회의를 헌법 개정을 통하여 제2국무회의로 승격시킬 필요가 있다. 자치분권과 지역균형발전 등 지역의 중요한 정책을 제2국무회의를 통하여 해결한다면 자연스럽게 지역의 목소리가 국가의 정책으로 발전될 것이다.

2) 보충성의 원리

중앙정부와 지방정부 간의 기능을 배분하는 원칙으로 보충성의 원칙이 보장되어야 한다. 정부 간의 사무를 배분함에 있어서 지역주민으로부터 지리·공간적으로 가까운 정부가 처리할 수 있는 사무에 대해서는 상위의 정부가 관여해서는 안 된다는 소극적 의미의 보충성의 원칙이 보장되어야 한다. 이와 더불어 지역주민의 복리증진과 지역발전을 위해서 지방정부가 당연히 수행하여야 할 사무를 수행하지 않은 경우에 한하여 상위의 정부가 관여할 수 있다는 적극적 의미의 보충성도 존중되어야 함은 물론이다. 전부 개정된 지방자치법에서 규정한 보충성의 원리를 헌법적 원리로 승화시킬 필요가 있다.

예로 중앙정부는 세계화에 부응하여 국방, 외교, 통일, 국제경제, 사법, 통화 및 금융 등 국가의 존립에 관한 역할, 전국 최저점(national minimum) 기준에 맞춘 공정거래, 소비자 보호, 근로기준, 공적연금 등 전국에 걸친 통일된 기준이 필요한 역할과 공적연금, 의료보험, 우주개발, 핵발전소 건설, 고속철도 등 규모의 경제와 거시적 관점이 필요한 사무를 담당해야 할 것이다. 그 외의 사무와 기능은 지방정부가 처리할 수 있는 범위 안에 포괄적으로 귀속됨을 원칙으로 해야 한다.

3) 지방정부 감사기관의 지정

지방정부는 중앙정부의 중복감사로 본연의 자치행정을 수행하는 데 적지 않은 어려움을 겪고 있다. 이를 예방하기 위하여 지방정부 전담의 지방감사원을 설립할 것이 요청된다. 분권적이고 독립된 지위를 갖는 제3의 감사기구 설치는 중복감사와 지방의회의 행정사무감사 등 중복감사를 예방하여 지방정부의 효율성을 제고할 수 있다.

4) 유보 권한(Reserved Power)의 규정

명시적으로 중앙정부에 위임된 역할 및 정치·행정의 권한 이외에는 지방정부의 역할 및 권한임을 규정하는 조항을 적극적으로 검토할 필요가 있다. 지역정부형이나 연방제로의 개혁 논의를 할 경우 유보 권한의 규정은 반드시 검토되어야 할 사안이다.

5) 영토적·지리적 구분의 특수성 인정(연방원리의 도입)

지방자치의 특성이 다양성에 있다는 가정 위에 지방정부의 다양성을 보장하는 규정이 요구된다. 지방의 지리적, 문화적, 역사적 특성을 고려한 특수한 지방자치의 형태를 보장하는 규정을 의미한다. 다양성을 인정하는 연방원리에 관한 규정이다. 연방제에 관한 미국 헌법 외에도 단방제의 국가에서도 다양한 형태로 연방원리를 인정하고 있다.

일본 헌법 제95조는 특정 지방정부에만 적용될 특별법의 제정은 법률이 정하는 바에 따라 해당 지역주민의 투표에 의해 과반수의 동의를 획득하도록 규정하고 있다. 프랑스의 지방정부는 콘뮨, 데파르

트망, 레지옹, 특별법규에 적용받는 지방정부, 헌법 제74조의 적용을 받는 해외영토로 구분된다(프랑스 헌법 제72조). 특별한 지위가 부여된 지방정부의 설립 또는 그 조직의 변경이 제안된 경우 법률에 의하여 해당 유권자에게 자문을 구하여야 한다(프랑스 헌법 제72-1조). 헌법에 의해 보장된 특별지위에 따라 특별한 형식과 조건의 자치권을 향유(시실리 등)한다(이태리 헌법 제116조).

7. 주민주권과 주민참여

향후 우리나라의 지방자치는 지방의 의사가 존중되는 주민자치가 기초가 되어야 한다. 이를 명시적으로 보장하는 제도로서 헌법은 지방정부의 정치·행정권한은 주민주권에 기초하고 있다는 점을 명시해야 한다.

주민주권에 기초하여 주민발안, 주민소환, 주민투표, 주민감사청구제도, 주민옴부즈만제도, 주민참여예산제도, 주민소송 등 주민의 직접참정제도가 내실 있게 보장되어야 한다. 주민주권에 기초하여 지방자치의 설치와 운영 및 실현에 필요한 중요한 결정은 주민투표로 결정되어야 한다. 향후 주민자치가 저출산·고령사회에 매우 요구되는 체제임을 감안할 때 주민주권의 확립은 주민자치의 활성화에 반드시 구현되어야 하는 가치이다.

8. 지방정부의 중앙정부에의 정책결정에 참여

1) 양원제의 도입

지방의 의견을 상시로 중앙정부에 전달하는 제도로서 양원제를 검토하여야 한다. 중앙정부 의회에 양원제를 도입하는 경우 상원을 지역의 대표로 구성하여 지방의 의견을 집약하고 조정하는 기능을 부여한다. 이를 통해 지방의 의견수렴이 효과적으로 이루어질 것으로 예상된다. 양원제에 관한 논의는 연방제와 더불어 향후 남북통일을 위한 정책과제에 속한다.

2) 지방4단체의 권한 강화

분권강화 지방정부형 하에서는 현행의 지방4단체를 헌법기구로 규정하고 지방의 의견을 중앙정부에 전달하고 중앙정부와 지방정부 간 협의의 대표기구로 보장할 필요가 있다. 지방4단체가 헌법기구로 규정되고 권한이 강화될 경우 지방4단체로 하여금 지방에 관련된 법률안 발의권을 부여함으로써 지위를 강화할 필요가 있다. 중앙정부와 지방정부가 긴밀한 파트너십을 형성하기 위해 지방4단체는 지방정부 대표의 지위를 보장하여야 한다. 앞에서 언급하였듯이 지방4단체는 당연히 제2국무회의의 회원 자격이 부여되어야 한다.

Ⅳ 결어

경제발전과 산업화는 우리나라의 중요한 국가목표였다. 부존자원이 부족한 국가로서 국가자원을 효율적으로 활용할 수 있는 중앙집권체제의 정당성이 어느 정도 인정되었고 이를 위하여 중앙집권적인 헌법이 제정·개정되는 과정을 반복하였다. 1961년 단행된 지방자치의 폐지도 같은 취지에서 이루어졌다.

국민소득 4만 불 시대를 앞두고 이제는 정치와 행정이 획일성보다는 다양성, 통일성보다는 차별성, 중앙지향성보다는 지방선호성을 지향할 것이 요구되었다. 이를 위하여 문재인 정부는 전부개정의 지방자치법, 자치경찰을 위한 전부개정의 경찰법, 주민조례발안법, 중앙-지방협력회의법, 주민투표법, 고향사랑기부금법, 지방일괄이양법 등 자치분권7법을 완성하였다. 2단계에 걸친 재정분권의 완성으로 매년 13.8조 원의 지방재정을 확충하였다. 이 외에도 메가시티를 통한 초광역발전의 시도, 자치분권 사전협의제, 주민자치회의 확산 등 정책적 성과를 거두었다. 지방자치의 부활 이후 만 30여 년 만에 자치분권2.0시대의 개막이라는 쾌거를 달성하였다. 그 결과 자치분권2.0이라는 지방자치와 지방분권의 대전환을 이룩한 것이다.

향후에도 이러한 시대정신을 반영하는 헌법 개정과 자치분권이 지속적으로 이루어져야 한다. 자치분권2.0의 업그레이드 나아가 실질화를 위해 무엇보다도 자치분권형 헌법 개정과 이에 부수적인 후속조치가 필요하다. 구체적으로는 지방자치의 본질이 헌법에 규정되고 지방정부가 지방의 통치주체로 보장되어야 한다. 아울러 중앙정부와 지방정부 간의 역할이 상호존중·협치의 관계로 재정립되어야 한다. 무엇보다도 주민자치가 주민들의 자기결정권과 책임에 기초하여야 한다고 볼 때, 주민주권에 기초한 주민자치가 보편적 제도로 보장되어야 한다.

앞에서 언급하였듯이 자치분권7법, 2단계에 걸친 재정분권의 완성, 정책적 자치분권의 완성으로 우리나라는 지방자치와 지방분권의 대전환, 즉 자치분권2.0시대를 개막하였다. 자치분권2.0의 고도화를 위하여 자치분권의 추진을 더욱 가속화하여야 한다.

자치분권 향후 발전과제가 현실화되어 가속화 된다면 자치와 분권의 민주성과 효율성을 증진시킬 수 있다. 주민들은 스스로의 책임 하에 자치권을 행사하며, 중앙-지방은 상호 협력할 의무를 이행한다. 이를 토대로 중앙-지방은 협력적 거버넌스를 활성화시킬 것이다.

이러한 자치분권의 틀하에서 윤석열 정부의 자치분권을 포함한 지역정책이 추진되길 기대한다. 향후 설치될 통합의 '지방시대위원회(가칭)'는 보수적 자치분권형을 넘어 전략적 내지는 혁신적 자치분권형으로 추진하여야 할 것이다. 윤석열 대통령 취임 이후 발표된 내용들을 분석하면 새로운 정부도 자치분권의 혁신적 추진에 비중을 둘 것으로 보인다. 이러한 기조를 유지하여 우리나라가 맞이한 지방자치와 지방분권의 대전환을 국가 경쟁력을 강화하고 지역의 균형발전을 촉진하는 방안으로 활용되길 바란다.

참고문헌

- 곽현근. (2021a). 주민주권의 구현과 전부개정 지방자치법의 의의. 「행정포커스」, 150: 32-37.
- 곽현근. (2021b). 문재인 정부 주민주권 원리의 이론적 기초. 자치분권위원회 편, 「문재인 정부의 자치분권: 성과와 의의」. 서울: 조명문화사.
- 권오성. (2021). 지방자치법 전부개정과 재정자치. 「행정포커스」, 150: 49-55.
- 김수진. (2021). 특별지방자치단체 도입의 의의, 내용과 전망, 「법연」, 72: 12-15.
- 김순은. (1997). 지방자치발전 10대 과제에 관한 논의. 「지방의정」, 40: 5-26.
- 김순은. (2001). 영국과 일본의 지방분권 비교분석. 「한국지방자치학회보」, 13(2): 101-121.
- 김순은. (2003a). 지방분권의 적정 모형. 한국인문•사회과학아카데미 엮음, 「한국의 지방분권」. 부산: 도서출판 금정.
- 김순은. (2003b). 영국의 성과감사 방법론. 2003년도 한국정책분석평가학회 발표논문.
- 김순은. (2005a). 지방분권 정책의 평가와 과제: 국가균형발전 정책과의 패키지화에 대한 비판적 고찰. 「한국거버넌스학회보」, 12(2): 95-133.
- 김순은. (2005b). 영국 중앙정부와 지방정부간의 정부간 관계의 혁신적 모형: 거버넌스형의 시도. 「지방행정연구」, 19(2): 3-24.
- 김순은. (2009). 「우리나라 도시 거버넌스의 실태: 한국의 도시 거버넌스」. 부산: 도서출판 금정.
- 김순은. (2011). 영국과 일본의 지방분권 개혁 비교분석: 거대사회론과 지역주권론을 중심으로「지방정부연구」, 15(2), 73-96.
- 김순은. (2012). 주민주권론과 지방자치의 발전. 「지방행정연구」, 26(1): 3-30.

- 김순은. (2013a). 일본 지방분권과 시사점. 「입법 & 정책」, 2: 149-173.
- 김순은. (2013b). 「21세기 신지역발전을 위한 분권형 거버넌스의 구축 방향」. 공주: 충남발전연구원.
- 김순은. (2014). 지방행정 60년. 한국지방자치학회 지방분권포럼 발표 논문.
- 김순은. (2015a). 지방자치 20년의 평가. 「입법과 정책」, 7(1): 57-82.
- 김순은. (2015b). 새 시대의 한국정부(행정)의 미래와 과제. 계명대학교 최봉기교수 정년기념논문집 논문.
- 김순은. (2016). 지방분권과 중앙정부와 지방정부의 역할배분. 김순은 외5인 편저, 「정부역할의 재정립」. 서울: 박영사.
- 김순은. (2017a). 문재인 정부의 자치분권 정책방향. 한국행정학회 하계학술대회 발표논문.
- 김순은. (2017b). 자치분권과 지역균형발전의 정책적 조화를 위한 추진 전략. 「국토」, 434: 13-19.
- 김순은. (2017c). 고령화에 따른 지방행정의 영향과 향후 대책. 「지방행정연구」, 31(1): 3-34.
- 김순은. (2017d). 노무현 정부의 지방분권 평가. 서울대학교 한국행정연구소 보고서.
- 김순은. (2018a). 문재인 정부 자치분권 종합계획의 철학적 기초와 의의. 한국지방자치학회와 자치분권위원회 공동주최 세미나 발표논문.
- 김순은. (2018b). 사회적 가치와 자치분권헌법. 한국지방자치학회와 충북행정학회 춘계기획세미나 발표논문.
- 김순은. (2018c). 사회적 가치를 반영한 자치분권 헌법의 개정. 「서울의회」, 188: 8-11.
- 김순은. (2020a). 「우리나라 지방자치와 지방분권: 자치분권으로 가는 길」. 서울: 조명문화사.
- 김순은. (2020b). 문재인 정부의 자치분권 성과와 과제. 「공공정책」, 177: 10-13.
- 김순은. (2021a). 문재인 정부 자치분권의 역사적 배경과 이론적 기초.

자치분권위원회 편, 「문재인 정부의 자치분권: 성과와 의의」. 서울: 조명문화사.

- 김순은. (2021b). 문재인 정부의 자치분권 성과와 과제: 자치분권2,0 시대의 제도적 토대, 「지방행정연구」, 35(4): 3-36.
- 김순은. (2021c). 우리나라 광역자치단체의 발전현황과 협력방안. 「공공정책」, 190: 11-14.
- 김순은. (2021d). 전부개정 지방자치법의 의의. 「지방의정 브리핑」, 5: 1-2.
- 김순은. (2021e). 자치분권2.0시대의 개막. 「공공정책」, 183: 14-18.
- 김순은. (2021f). 자치경찰제의 추진과정과 의의 및 향후 과제. 자치분권위원회 편, 「문재인 정부의 자치경찰」. 서울: 대통령 소속 자치분권위원회.
- 김순은. (2021g). 「미래의 지방행정체제」. 서울: 조명문화사(e-Book).
- 김순은. (2022). 지방분권 추진주체. 김순은 외3, 편, 「한국의 지방자치」. 서울: 법문사.
- 김순은·양은진. (2021). 「미래의 지방행정체제」. 서울: 조명문화사.
- 김순은·주희진. (2022). 자치분권2.0의 정의와 특징. 한국지방자치학회 동계학술대회 발표논문.
- 김홍환·정순관. (2018). 역대정부 지방분권과제와 성과에 대한 평가. 「지방행정연구」, 32(1): 3-34.
- 남재성. (2019). 국가경찰과의 조화를 통한 바람직한 자치경찰제 도입방안 모색. 「한국경찰학회보」, 21(4): 39-69.
- 더불어민주당. (2017). 「더불어민주당 공약집」. 서울: 더불어민주당.
- 문병기. (2021). 지방행정의 관점에서 바라본 전부개정 지방자치법의 핵심내용과 의의. 「행정포커스」, 150: 22-26.
- 박기관. (2021). 지방자치법 전부개정에 나타난 지방의회의 평가와 개선, 「행정포커스」, 150: 44-48.
- 박관규. (2022). 민선8기 시도협의 지방분권 균형발전 정책과제 탐색. 「대한민국지방정부연구」, 1: 1-29.
- 박상우. (2021). 대도시와 특례시 제도 안착을 위한 입법과제. 「법연」,

72: 16-18.
- 소순창. (2011). 역대 정부의 지방분권 정책의 평가. 「한국지방자치학회보」, 23(3): 40-68.
- 소순창. (2016). 역대 정부의 지방분권 정책의 평가. 2016년 동계 한국도시행정학회 학술대회 발표논문.
- 안성호. (1993). 우리나라 지방분권의 논거. 「한국행정학회보」, 27(3): 5-44.
- 안성호. (2016). 「왜 분권국가인가: 리바이어던에서 자치공동체로」. 서울: 박영사.
- 양영철 외7. (2016). 제주특별자치도 10주년 평가 및 제도개선과제 발굴 연구. 서울: (사)한국지방자치학회.
- 이기우. (2014). 「분권적 국가개조론」. 서울: 한국학술정보(주).
- 이기우. (2017). 헌법개정의 쟁점과 과제. 울산광역시 주최 세미나 발표논문.
- 이삼식. (2017). 저출산·고령사회에 따른 인구변화 및 저출산 정책대응방안. 한국정책지식세터 발표자료.
- 이승종. (2008). 지방역량강화를 위한 광역자치구역의 개편방안. 한국지방정책연구소 주최 세미나 발표논문.
- 이승종. (2010). 지방행정체제 개편대안. 행정체제개편 국민대토론회 발표자료.
- 이승철. (2020). 문재인 정부의 지방분권 정책추진에 대한 시사점: 역대정부의 지방분권 정책성과 평가를 중심으로. 「한국자치행정학보」, 34(4): 255-277.
- 이훈재. (2018). 참여정부의 자치경찰법안과 문재인 정부 자치경찰 도입안의 주요 쟁점 심층비교분석. 「한국경찰연구」, 17(3):173-202.
- 임용주. (2002). 「지방자치론」. 서울: 형설출판사.
- 자치분권위원회. (2018). 「자치분권 종합계획」. 서울: 자치분권위원회.
- 전훈. (2016). 프랑스 지방자치의 새로운 변화. 「법제논단」, 2016(3): 5-25.
- 정정화. (2017). 박근혜정부의 지방분권정책 평가와 과제. 「한국자치행정학보」, 31(3): 1-23.
- 정정화, (2021). 지방자치법 전부개정의 미래와 향후과제. 「행정포커

스」, 150: 27-31.

- 최근열. (2022). 문재인 정부의 자치분권 정책평가 및 향후과제. 「한국지방자치연구」, 24(1): 97-122.
- 최영출. (2013). 지방분권 수준과 영향요인 관계분석: 재정적 분권을 중심으로. 「지방정부연구」, 17(2): 369-389.
- 최우용. (2021a). 정부 간 관계의 지방자치법 전부개정 내용과 의의. 「행정포커스」, 150: 38-43.
- 최우용. (2021b). 특별지방자치단체의 의미와 과제. 지방자치법 연구, 21(3): 79-116
- 한표환·김현호. (2004). 「영국의 지방공공서비스 협약」. 서울: 한국지방행정연구원.
- 홍정선. (2021). 지방자치법 전부개정법률의 주요 개정내용에 대하여. 「법연」, 72: 6-11.
- 통계청. (2016). 인구조사통계.
- 西尾 勝. (1999). 「未完の分權改革」. 東京: 岩波書店.
- Assembly of European Regions. (2006). *Regionalism across Europe*. Strasbourg: Assembly of European Regions.
- Horie, F. and N. Nagata, eds. (1999). *The Challenges to New Governance in the Twenty-First Century: Achieving Effective Central-Local Relations*. Tokyp: National Institute for Research Advancement.
- Kim, S. (1991). *Factors Affecting Implementatin Effecrtiveness: A Study of Community Development Block Grant Implementation*. Ph. D. Dissertation at Kent State University.
- Peters, G. (1996). *The Future of Governing: Four Emerging Model*. Kansas City: University Press of Kansas.
- Office of the Deputy Prime Minister. (2005). *Central Local Partnership*. London: HMSO.
- Putnam, Robert D. (1993). *Making Democracy Work: Civic Traditions in Modern Italy*. Princeton: Princeton University Press.

• Putnam, R. (2000). *Bowling Alone: The Collapse and Revival of American Communities*. New York: Simon & Schuster.